Das Scheunenviertel im Jahre 1876
(Liebenow-Plan)

1 Scheunengassen
(heute Rosa-Luxemburg-Platz
und Volksbühne)
2 heutige Torstraße
3 Victoria-Theater
(heute Rosa-Luxemburg-Straße)
4 Garnisonfriedhof
5 Hackescher Markt
6 Alexanderplatz
7 ehem. Festungsgraben
(heute Bahnviadukt)

insel taschenbuch 4762
Rainer Haubrich
Das Scheunenviertel

Das Scheunenviertel ist der älteste noch intakte Stadtteil Berlins – und deshalb einer der attraktivsten der Metropole. In dem kleinteilig bebauten Quartier zwischen Alexanderplatz und Hackeschen Höfen mit seinen intimen Seitenstraßen lässt sich die Baugeschichte der Hauptstadt wie durch ein Brennglas betrachten.

Das reich illustrierte Buch beschreibt die frühesten Bauten des 18. Jahrhunderts und den idyllischen Garnisonfriedhof, die Bürgerhäuser des Klassizismus und die Pracht der Gründerzeit, die einzige erhaltene Kaufhaus-Fassade Alfred Messels und das 20er-Jahre-Ensemble Hans Poelzigs an der Volksbühne, die Zeugnisse des Stalinismus und die Plattenbauten der DDR sowie die aufwändigen Restaurierungen und vielfältigen Neubauten seit dem Fall der Mauer.

Rainer Haubrich, geboren 1965, ist *Welt*-Redakteur und Architekturkritiker. Er hat zahlreiche Bücher zur Stadtentwicklung Berlins veröffentlicht. 2015 erhielt er den Schinkel-Preis der Karl-Friedrich-Schinkel-Gesellschaft.

RAINER HAUBRICH

DAS SCHEUNENVIERTEL

Kleine Architekturgeschichte der letzten Altstadt von Berlin

Mit zahlreichen farbigen Fotografien

Insel Verlag

Erste Auflage 2019
insel taschenbuch 4762
Originalausgabe
© Insel Verlag Berlin 2019
Vertrieb durch den Suhrkamp Taschenbuch Verlag
Umschlaggestaltung: Designbüro Lübbeke, Naumann, Thoben, Köln
Umschlagfoto: Andrey Danilovich, Getty Images, München
Druck: CPI – Ebner & Spiegel, Ulm
Printed in Germany
ISBN 978-3-458-36462-7

INHALT

*Einer der malerischsten Höfe des Scheunenviertels liegt hinter dem Haus
Neue Schönhauser Straße 12 (s. S. 35)*

EINLEITUNG

In fast allen Metropolen Europas zieht es die Menschen in die Altstädte. Warum? Weil man dort auf engstem Raum eine Fülle von Bauwerken findet, an denen sich die Geschichte des Ortes bis zurück zu den Anfängen ablesen lässt. Die meisten Gebäude wurden sorgfältig gestaltet, oft mit reichem Schmuck, und sie sind geprägt von einem jahrhundertealten klassischen Formenkanon, der jedem vertraut ist und der sie trotz ihrer verschiedenen Größe und stilistischen Unterschiede auf harmonische Weise verbindet. Obwohl dicht an dicht gebaut wurde, haben die Stadträume menschenfreundliche Proportionen.

Auch in Berlin gab es bis zum Zweiten Weltkrieg eine Altstadt. Sie bestand aus den Quartieren rings um die ältesten Kirchen: rechts der Spree um Nikolai- und Marienkirche, Heiliggeistkapelle und Franziskanerkirche, auf dem linken Flussufer um die Petrikirche. Zwar stehen außer der Petrikirche alle diese Sakralbauten bis heute, aber fast die gesamte dichte Bebauung zwischen ihnen wurde ausradiert – und damit verschwanden Orte wie der Molkenmarkt, der Neue Markt und der Fischmarkt, die Bischofstraße oder der Hohe Steinweg.

Es waren die Bomben des Zweiten Weltkriegs, die vieles vernichteten, aber genauso zerstörerisch waren die Abrisse danach. Denn die DDR wollte die Erinnerung an das Zentrum des bürgerlichen Berlin tilgen und an gleicher Stelle eine moderne Stadtmitte errichten, die vom Triumph des Sozialismus künden sollte – mit dem Fernsehturm als Siegeszeichen. Von den einst 1200 Häusern, die Mitte der 1930er Jahre auf diesem Areal standen, sind nur 85 erhalten. Am Gründungsort Berlins zwischen Alexanderplatz und Schloss erstreckt sich heute eine überdimensionierte und in der kalten Jahreszeit zugige Freifläche mit den Ausmaßen von 20 Fußballfeldern.

Ein ähnliches Schicksal traf die historischen Vorstädte, die sich einst im Osten wie in einem Halbkreis um die Altstadt gelegt hatten. Die frühere Königsstadt wird heute dominiert von den Häuserblöcken am Alexanderplatz; die Stralauer Vorstadt (in Richtung Stralau) besteht aus den rechtwinklig angeordneten Gebäudescheiben an der Karl-Marx-Allee; die einstige Köpenicker Vorstadt (in Richtung Köpenick) prägt vorstädtischer Zeilenbau aus der Nachkriegszeit.

Nur die nördliche Spandauer Vorstadt (in Richtung Spandau) überlebte all diese Stürme der Vernichtung weitgehend unversehrt, teils weil es dort im Zweiten Weltkrieg vergleichsweise wenige Bombentreffer gab, teils weil es danach abseits jener Entwicklungsgebiete von »Berlin – Hauptstadt der DDR« lag, die grundlegend umgestaltet werden sollten. Erst in den 1980er Jahren drohte der Spandauer Vorstadt der Untergang aufgrund von Vernachlässigung und Verfall. Gerettet wurde sie durch die friedliche Revolution in Ostdeutschland und den Fall der Mauer. Zur Zeit der Wiedervereinigung stellte man den historischen Stadtteil als größtes Flächendenkmal Berlins unter Schutz. Heute bildet er die letzte erhaltene Altstadt der Metropole.

Den östlichen Teil der Spandauer Vorstadt bezeichnet man als Scheunenviertel, weil die Bebauung dort, wo heute die Volksbühne steht, einst mit der Errichtung von Scheunen begann. Um die Architekturgeschichte dieses Quartiers zwischen Alexanderplatz und Rosenthaler Straße, zwischen Stadtbahn-Viadukt und Torstraße soll es im vorliegenden

Buch gehen – um ein kleines Stück Berlin, insgesamt nur etwa einen halben Quadratkilometer groß, anhand dessen sich die Baugeschichte der Hauptstadt wie durch ein Brennglas betrachten lässt: Da sind die frühesten Bauten des 18. Jahrhunderts und der idyllische Garnisonfriedhof, die Bürgerhäuser des Klassizismus und die Pracht der Gründerzeit, die einzige erhaltene Kaufhausfassade Alfred Messels und das 1920er-Jahre-Ensemble Hans Poelzigs an der Volksbühne, die Zeugnisse des Stalinismus und die Plattenbauten der DDR sowie die aufwändigen Restaurierungen und vielfältigen Neubauten nach dem Fall der Mauer.

Durch die Gentrifizierung in den vergangenen Jahrzehnten gibt im Scheunenviertel heute ein zunehmend wohlhabendes und internationales Publikum den Ton an. Es könnte nicht weiter entfernt sein von den Milieus, die über Jahrhunderte das Scheunenviertel prägten: kleine Leute, Soldaten, Handwerker, Arbeiter, Halbwelt. Und seit den Anfängen siedelten sich auch Juden hier an, weil ihnen für lange Zeit der Zugang nach Berlin nur von Norden durch das Rosenthaler Tor und später auch das Prenzlauer Tor erlaubt war. Mitte des 19. Jahrhunderts setzte ein starker Zuzug von Juden aus Osteuropa ein, die das Stadtbild am sichtbarsten in der Grenadierstraße (der heutigen Almstadtstraße) prägten. Zeugnisse des einst florierenden Judentums haben sich zwar in der westlichen Spandauer Vorstadt erhalten mit dem ältesten jüdischen Friedhof Berlins in der Großen Hamburger Straße und der prächtigen Synagoge in der Oranienburger Straße. Aber im Scheunenviertel selbst sucht man vergeblich nach architektonischen Überresten der einstigen Hinterhof-Synagogen, Talmudschulen, jüdischen Betstuben oder Gästehäuser.

Jüdisches Scheunenviertel 1929: Obstgeschäft im Haus der Talmud-Tora-Schule »Ez Chaim« in der Grenadierstraße 31

Dasselbe Haus heute: Die Adresse lautet inzwischen Almstadtstraße 16

Das Scheunenviertel widerlegt, wie die meisten populären Altstädte, Glaubenssätze der modernen Architektur. Etwa die Vorstellung, dass man Stadt stets »neu denken« und dem jeweils aktuellen Zeitgeist anpassen müsse – dabei funktionieren die historischen Viertel trotz aller gesellschaftlichen und technologischen Veränderungen bis heute sehr gut, sie sind immer Sehnsuchtsorte geblieben. Gerade die »Neudenker« zieht es ja in die ältesten Quartiere, wo sie sich an jedem historischen Ornament erfreuen. Viele Anhänger der Moderne glauben außerdem, dass die Ansammlung möglichst vieler herausragender und spektakulärer Architekturen besonders attraktiv sei – dabei finden sich im Scheunenviertel vergleichsweise wenige bauhistorisch wertvolle Gebäude. Nicht das Spektakuläre macht seinen unverwechselbaren Charakter aus, es ist das Zusammenspiel der vielen alltäglichen Häuser aus verschiedenen Epochen. Selbst die zu ihrer Zeit neuartigen Bauwerke von Alfred Messel markierten ja keineswegs einen Bruch mit der überlieferten Architektur, und nicht einmal über die vergleichsweise avantgardistischen Gebäude von Hans Poelzig aus den 1920er Jahren lässt sich das behaupten, folgen sie doch mit Blockrandbebauung, Traufhöhe und Putzfassaden immer noch tradierten Gestaltungsprinzipien.

Der erste Bruch in der Architektur des Scheunenviertels, das waren die Wohnhäuser aus der Zeit des Nationalsozialismus, die hinter der Volksbühne einen intakten historischen Straßenzug ersetzten: Es waren vorstädtische Zeilenbauten ohne Läden oder Gastronomie im Erdgeschoss, und sie bedeuteten das Ende des belebten öffentlichen Raumes. Der zweite, weitaus verhängnisvollere Bruch vollzog sich mit der Nachkriegsmoderne der 1960er und 1970er Jahre, deren Feindschaft gegen die überlieferte Stadt noch ausgeprägter war und die häufig keine Rücksicht auf historische Straßenzüge und Gebäudehöhen nahm.

Die großen Vordenker der Moderne waren ja der Hybris verfallen, zu glauben, mit ihnen beginne eine vollkommen neue Architektur, die allem zuvor Gebauten weit überlegen sei. Als Walter Gropius 1937 seine Professur in Harvard antrat, ließ er erst einmal die gesamte bauhistorische Bibliothek entsorgen. Und Le Corbusier schrieb: »Es bleibt uns nichts mehr von der Architektur früherer Epochen, so wenig wie uns der literarisch-historische Unterricht an den Schulen noch etwas geben kann.« Es war ein Jahrhundertirrtum: Keine der neuen Städte vom Reißbrett wurde ein dauerhafter Erfolg, keines der modernen Quartiere ist heute so populär wie jene aus den Epochen vor 1900.

Der beste Beweis dafür in Berlin ist das historische Scheunenviertel mit seiner reichen architektonischen Substanz und einer besonderen Atmosphäre, die aus dem Nebeneinander von großstädtischem Treiben und der Intimität von Seitenstraßen und Hinterhöfen entsteht. Man stelle sich einmal vor, es gäbe heute auch noch die einstigen Scheunengassen, mit denen alles begann und die um 1900 für den dreieckigen Platz mit der Volksbühne weichen mussten. Hätten sie die Zeitläufte überlebt, was für eine Attraktion wären sie heute, welches Leben mit Geschäften, Restaurants und Cafés könnte sich dort entfalten, wie begehrt wären die Altbauwohnungen in dem einst verrufenen Quartier! Orte wie die Füsilierstraße, Amalienstraße oder Koblankstraße, längst verschwunden und in Vergessenheit geraten – sie wären heute erste Adressen.

I. Kapitel: bis 1871

VOR DEN TOREN DER RESIDENZSTADT

Die Scheunen mussten raus aus der Stadt. Es war einfach zu gefährlich geworden, denn Stroh und Heu, das viele Bürger für ihre Viehhaltung lagerten, begünstigten das Ausbreiten von Feuer genauso wie die mit Stroh oder Schindeln bedeckten Gebäude. Deshalb erließ der Große Kurfürst Friedrich Wilhelm im Jahr 1672 eine Feuerordnung. Darin wurde unter anderem festgelegt, dass Scheunen mit brennbaren Materialien künftig außerhalb der Stadt stehen müssen. Den betroffenen Bürgern wurden vor den Toren Flächen zugewiesen, wo sie Scheunen errichten konnten. Eine solche befand sich nordöstlich der damaligen Festungsanlagen zwischen dem heutigen Alexanderplatz und dem Hackeschen Markt. Auf den sanft ansteigenden Feldern drehten sich damals Windmühlen, auch Wein wurde dort angebaut. Mit dieser Feuerordnung beginnt die Geschichte des Scheunenviertels.

Das Ende des Dreißigjährigen Krieges lag mehr als zwei Jahrzehnte zurück. Berlin konnte sich von den Verwüstungen erholen, und durch die aktive Bevölkerungspolitik des Großen Kurfürsten hatte sich die Zahl der Einwohner auf rund 18 000 verdreifacht.

Eine Vorstellung davon, wie die Gegend des späteren Scheunenviertels damals aussah, vermittelt einer der ältesten Stadtpläne Berlins, den der Ingenieur La Vigne 1685 gezeichnet hat. Man sieht die Kernstädte Berlin, Cölln und Friedrichswerder, umgeben von einem im Barock typischen Befestigungsring mit 13 Bastionen und sechs Stadttoren. Man erkennt das um

La-Vigne-Plan von Berlin (1685): Im Nordosten der Bastion erkennt man die Anfänge des Scheunenviertels

zwei Innenhöfe gruppierte Berliner Schloss und den angrenzenden Lustgarten. Nach Westen führt die Allee Unter den Linden, auch die kreuzende Friedrichstraße besteht bereits, dazu die ersten Baufelder der Dorotheenstadt im Schachbrettmuster. Und im Nordosten, vor den Bastionen, sind schon die Umrisse des späteren Scheunenviertels zu erkennen, vor allem die drei Landwege zu den Dörfern Rosenthal, Niederschönhausen und Prenzlau – daher die späteren Namen der Straßen.

Um diese Zeit wurde das Areal vom Berliner Rat aufgeteilt. Unter der Leitung des kurfürstlichen Ingenieurs Kauxdorf begannen die Absteckung der Baufelder und die Bebauung. Eine der ersten Straßen, die entstanden, war die Dragonerstraße (heute Max-Beer-Straße), benannt nach dem Festungsbollwerk, von dem sie ihren Anfang nahm: Auf ihm waren die Derfflinger-Dragoner stationiert.

Die neuen Regeln für die Scheunen setzten sich wohl nur langsam durch. Denn im Jahr 1707 erfolgte eine weitere Anordnung durch den ersten Preußen-König Friedrich I.: »Ein jeder Einwohner, der Pferde hält, soll auf einmahl mehr nicht als ein Fuder Heu und ein Fuder Stroh in der Stadt zu haben befugt seyn, das Übrige so er entweder selbst gewinnet oder kaufet, muss er außerhalb der Stadt in Scheunen verwahren.«

Auch unter seinen Nachfolgern, Friedrich Wilhelm I. und dessen Sohn Friedrich II., erlebte Berlin ein beachtliches Wachstum. Im Westen erstreckte sich das Schachbrettmuster der barocken Friedrichstadt bald bis zum Oktogon des Leipziger Platzes, und im Norden und Osten wuchsen jenseits der Festungsanlagen neue Vorstädte mit unregelmäßigem Straßengrundriss heran. Mitte des 18. Jahrhunderts hatte Berlin bereits 120 000 Einwohner und zählte damit zu den größten Städten Europas.

Wie schnell die Bebauung des Scheunenviertels vorangegangen war, zeigt ein Ausschnitt aus dem – französisch beschrifteten – Schmettau-Plan aus dem Jahr 1758. Die Stadtgrenze hat sich bis zur heutigen Torstraße verschoben, wo sie mit einer Palisade befestigt ist. Diese ist nur dort durchlässig, wo die Ausfallstraßen verlaufen: am Rosenthaler Tor, am Schönhauser Tor und am Prenzlauer Tor. Parallel zur Palisade ver

Auf dem Schmettau-Plan von 1758 sind in der Bildmitte neben der
»Briquerie« die Scheunen eingezeichnet. Heute befindet sich dort
der Rosa-Luxemburg-Platz mit der Volksbühne

läuft die längste Straße des Viertels, die Linienstraße. Auf der größten Freifläche in der Bildmitte (am heutigen Standort der Volksbühne) erkennt man als kleine schwarze Rechtecke die in mehreren Reihen errichteten Scheunen, um einige herum haben sich bereits erste Gassen gebildet. Zwischen dem Scheunen-Areal und der Bastion liegt ein U-förmiges Palais mit einem langgestreckten Barockgarten, das sich General Egidius Ehrentreich von Sydow 1730 durch Philipp Gerlach hatte errichten lassen. Während die meisten Adelspalais Unter den Linden entstanden oder entlang der Wilhelmstraße, hatte sich der spätere Kommandant von Berlin für diesen ungewöhnlichen Standort entschieden. Das Grundstück mit Garten sollte im Verlauf der Geschichte des Viertels noch eine wichtige Rolle spielen (dort verläuft heute die Rosa-Luxemburg-Straße).

Westlich davon, wo die Bebauung dichter wird, erkennt man das Straßenmuster, das bis heute fortbesteht: Grenadierstraße (heute Almstadtstraße), Dragonerstraße (heute Max-Beer-Straße), die jeweils parallel angelegten Mulackstraße, Steinstraße und Weinmeisterstraße, schließlich die entlang der Bastion verlaufende und deshalb abgeknickte Neue Schönhauser Straße, die übergeht in die von Bäumen gesäumte Münzstraße. Oben im Bild ist der zu Beginn des 18. Jahrhunderts angelegte Garnisonfriedhof eingezeichnet; damals war er mehr als doppelt so groß wie heute und umfasste zwei Straßenblocks.

Das älteste noch in seinen ursprünglichen Ausmaßen erhaltene Gebäude dieses Viertels steht in der Neuen Schönhauser Straße 15. Anhand einer Untersuchung der Holzbalken ergab sich ein Baujahr um 1755. Auch wenn das einstige Fassadendekor verloren ging, vermittelt das Haus doch eine Vorstellung von der ersten Bebauung dieser Straße durch dreigeschossige

*Das älteste erhaltene Gebäude im Scheunenviertel ist
das Haus Neue Schönhauser Straße 15*

*Eine Rarität in Berlin sind die hölzernen Laubengänge
an der Rückseite des Vorderhauses*

Häuser mit Satteldach. Die acht Fensterachsen wurden nicht exakt gleichmäßig angeordnet, sondern in drei Zweiergruppen, zwischen denen jeweils ein Fenster steht. Auch die Form der Wandöffnungen wechselt: Im ersten Obergeschoss zeigen sie einen Segmentbogen, im zweiten Obergeschoss einen geraden Abschluss. Die Treppenhäuser aus der Entstehungszeit sind erhalten, die langen Seitenflügel im Hof wurden Mitte des 19. Jahrhunderts hinzugefügt. Eine Rarität stellen die Laubengänge an der Rückseite des Vorderhauses dar. Sie gehören zu den wenigen erhaltenen. Einst waren diese Anbauten in Berlin sehr verbreitet: Sie dienten zur Erschließung der schmaleren Hofgebäude. Die von kannelierten Pilastern mit Kompositkapitellen eingefassten Schaufenster sind neu, sie entstanden während der umfassenden Renovierung des Hauses in der Nachwendezeit.

Eine der heute in der Stadt seltenen barocken Treppen, ein besonders dekoratives Exemplar, ist in dem 1781 erbauten (und inzwischen in kitschiger Weise entstellten) Haus in der Rosenthaler Straße 36 öffentlich zugänglich. Die elegant geschwungene Holztreppe mit ovalem Auge und schmiedeeisernem Rokoko-Geländer in Gold und Türkisblau gehört zu den letzten erhaltenen freitragenden Treppen dieser Art in Berlin. Das links anschließende Haus von 1787 ist zwar in seiner ursprünglichen dreigeschossigen Höhe erhalten, auch die Holztreppe stammt aus der Entstehungszeit, aber der Fassadenschmuck wurde in der Nachwendezeit angebracht und entspricht nicht dem Original.

Elegant geschwungene Holztreppe mit Rokoko-Geländer
im Haus Rosenthaler Straße 36

Das einzige erhaltene Palais
von Georg Christian Unger

Das bedeutendste Gebäude der Epoche in diesem Viertel ist das repräsentative Haus in der Neuen Schönhauser Straße 8 im Stil des spätfriedrizianischen Rokoko. Erbauer war Mollard, der Knopflieferant Friedrichs des Großen. Der dendrochronologischen Untersuchung der Dachbalken zufolge wurde es zwischen 1785 und 1794 errichtet, wahrscheinlich nach einem Entwurf von Georg Christian Unger, wie Vergleiche mit weiteren Bauten des Architekten nahelegen. Unger kam aus Bayreuth und wurde einer der Baumeister Friedrichs II. Rund 260 Entwürfe sind von ihm überliefert; zu seinen Hauptwerken zählen die Königliche Bibliothek am heutigen Bebelplatz sowie die Türme des Deutschen und Französischen Doms auf dem Gendarmenmarkt. Friedrich II. hatte genaue Vorstellungen davon, wie das Stadtbild Berlins aussehen sollte, zeichnete sogar eigene Entwürfe. Nach diesen Vorgaben entwickelte Unger einen neuen Bautypus: das Bürgerpalais, ein bürgerliches Wohnhaus mit der Anmutung eines Palais. Allein für die Allee Unter den Linden entwarf er 40 dieser Gebäude, ebenso viele für die Leipziger Straße und 13 Palais am Gendarmenmarkt. Bis heute überlebt hat nur das Haus in der Neuen Schönhauser Straße 8.

Originell sind die Rundbogenfenster im Erdgeschoss mit den sie bekrönenden Mädchenköpfen zwischen Blumengirlanden sowie die Kartusche mit einem drapierten Tuch über dem Portal. Die Wohnungen im Vorderhaus nahmen jeweils das gesamte Geschoss ein. Der linke Seitenflügel im Hof entstand zeitgleich mit dem Vorderhaus, der rechte Flügel erhielt

Mädchenköpfe zieren die Rundbogenfenster des Hauses Neue Schönhauser Straße 8. Die Fassadenfarbe entspricht dem Zustand der Entstehungszeit

Blick in die Füsilierstraße Ende des 19. Jahrhunderts.
Wie andere Scheunengassen existiert sie heute nicht mehr

seine heutige Form 1836. Im Inneren ist die hölzerne Treppenanlage aus der Entstehungszeit erhalten. Sie ist mit ihrem
kreisförmigen Auge und dem filigran durchwirkten Geländer
das einzige erhaltene Beispiel dieser Bauform im Stadtgebiet.
Bei der Restaurierung nach der Wende wurden auf Putz und
Stuck insgesamt elf Anstriche gefunden, die den wechseln-

den Zeitgeschmack dokumentieren. Das heutige Ocker-Rosé entspricht dem Zustand der Entstehungszeit. Die Farbigkeit war damals nicht ungewöhnlich, auch am Zeughaus und am Opernhaus Unter den Linden wurden ähnliche Farbtöne verwendet.

Was inzwischen aus dem Standort der Scheunen geworden war – rund hundert Jahre nach der ersten Ordre des Großen Kurfürsten –, beschreibt Friedrich Nicolai in seinem Stadtführer von 1786. Mehr als zwei Dutzend Scheunen stünden dort noch, inzwischen alle eingefasst von einem Muster parallel verlaufender Gassen: »Vier kleine Gäßchen, welche Kleine Scheunengasse heißen (weil in denselben meistenteils nur Scheunen sind), und zwar die erste, die zweite, die dritte, die vierte Kleine Scheunengasse ... Jenseits der Langen Scheunengasse geht: die Kurze Scheunengasse ... Alle diese Gäßchen werden auch das Scheunenfeld genannt, weil hier 27 Scheunen stehen.«

Bis zur Mitte des 19. Jahrhunderts bekamen die zunehmend dichter bebauten Gassen individuelle Namen. Von Westen nach Osten waren dies: Füsilierstraße, Amalienstraße, Koblankstraße, Weydingerstraße, Kleine Alexanderstraße und Bartelstraße (s. Stadtplan auf S. 56/57).

Mit dem 1793 vollendeten Brandenburger Tor von Carl Gotthard Langhans begann in Berlin der Klassizismus. Aber die Besetzung der Stadt durch Truppen Napoleons und die folgenden Befreiungskriege brachten die Bautätigkeit in der preußischen Hauptstadt weitgehend zum Erliegen. Mit dem Bau der Neuen Wache 1819 betrat Karl Friedrich Schinkel die Bühne. Er war in jungen Jahren aus Neuruppin nach Berlin gekommen und hatte die dortige Bauakademie besucht. Seine Werke sollten eine ganze Epoche prägen. Er wurde der oberste Baubeamte in Preußen und der bedeutendste deutsche Architekt der ersten Hälfte des 19. Jahrhunderts. Zu seinen wichtigsten Gebäuden in Berlin zählen das Schauspielhaus am Gendarmenmarkt und das Alte Museum am Lustgarten. Im Scheunenviertel und in der Spandauer Vorstadt hat er nur wenige Spuren auf dem Garnisonfriedhof hinterlassen (vgl. S. 30).

Ein seltenes Zeugnis der Schinkel-Zeit im Scheunenviertel und eines der ältesten Gebäude in der Linienstraße ist das ehemalige Haus des Töpfermeisters Seidel mit der Nummer 62 gegenüber dem Garnisonfriedhof. Es wurde 1825 erbaut. Die schlichte dreigeschossige Fassade mit sechs Achsen ist in klassischen Maßverhältnissen gestaltet; der Schmuck über der Durchfahrt besteht aus plastischem Rankenwerk, in dessen Mitte sich einst eine weibliche Büste befand, die aber beim Verfall des Hauses in den 1970er Jahren verloren ging. Die dreiarmige Holztreppe ist erhalten, und mit den Kreuzstockfenstern und einigen Türen sind auch im Inneren Teile der einstigen Ausstattung überliefert. Um 1985 wurde das Haus im Vorfeld der 750-Jahr-Feier Berlins nach damaligen Standards restauriert.

Aus dem Jahr 1835 stammt das älteste noch erhaltene Haus in der Alten Schönhauser Straße – es ist die Hausnummer 13. Wenn man sich das Gebäude mit seinen vier Fensterachsen im ursprünglich wohl nur zweigeschossigen Zustand vorstellt, erhält man einen Eindruck von den bescheidenen Anfängen dieses Quartiers. Die Stuckgliederung der Fassade stammt aus der Nachwendezeit, aber im Inneren hat sich die Holztreppe mit feingliedrigen Geländerstäben aus der Entstehungszeit erhalten.

Das heute älteste Schulgebäude im Scheunenviertel und in

der gesamten Spandauer Vorstadt steht in der Hirtenstraße 4. Es wurde 1842 als 9./10. Communal-Armen-Schule errichtet, ein seltenes Beispiel der von der Schinkel'schen Baubehörde geprägten schlichten Schularchitektur aus der ersten Hälfte des 19. Jahrhunderts. Der einstige städtebauliche Zusammenhang ist durch das Ensemble der 1920er-Jahre-Bauten auf der einen Seite und durch die Alexanderplatz-Neuordnung durch die DDR auf der anderen Seite verloren gegangen. Das Gebäude mit einem Walmdach zeichnet sich durch ausgewogene klassische Maßverhältnisse aus. In der Gebäudefront an der Hirtenstraße dienen die beiden Treppenhäuser mit ihren geschossübergreifenden Fenstern effektvoll der vertikalen Gliederung der ansonsten geschlossenen, von Lisenen gegliederten Fassade. Im Inneren sind die originalen eingestemmten Holztreppen erhalten.

Das älteste erhaltene Schulgebäude des Scheunenviertels steht in der Hirtenstraße / Ecke Kleine Alexanderstraße

Der Garnisonfriedhof, eine grüne Oase

1850 erhielt der Garnisonfriedhof, Berlins ältester Militärfriedhof, einen neuen Zugang in der Kleinen Rosenthaler Straße 2-3. Der Torbogen trägt in seiner Inschrift die Jahreszahl 1722, womit vermutlich an den Bau der zweiten Garnisonkirche erinnert wurde. Das schlichte Wärterhaus aus demselben Jahr mit seiner feinen Quaderputz-Fassade ersetzte das einstige Totengräberhaus. Durch das klassizistische Portal betritt man heute die schönste grüne Oase des Scheunenviertels, die als kleiner Park genutzt wird. Zugleich sind hier zahlreiche bedeutende Grabdenkmäler vor allem aus der ersten Hälfte des 19. Jahrhunderts zu besichtigen. Das älteste erhaltene Grab ist jenes des Majors Franz Heinrich von Barfuß von 1796.

Besonders repräsentativ und in dieser Dichte und künstlerischen Meisterschaft in der Stadt einmalig sind die Zeugnisse aus der Schule des Berliner Eisenkunstgusses, die vor allem auf der Grundlage von Entwürfen Karl Friedrich Schinkels entstanden. Das von ihm gestaltete einfache gusseiserne Grabkreuz war für mehrere Jahrzehnte das prägende Vorbild für preußische Militärbegräbnisstätten. Herausragende klassizistische Grabmäler sind der Kubus mit Paradehelm für Oberst Carl von Schachtmeyer (1825); die gusseiserne Grabstele für den Stadtkommandanten Ludwig von Brauchitsch nach einem Entwurf Schinkels (1827); die von Schinkel entworfene rote Granitstele mit Bronzerelief für General Carl Friedrich von Holtzendorff (1828); und das Grabmal für den Dichter Friedrich de la Motte-Fouqué, eine Sandsteinstele mit dekorativer Schreibschrift und einem palmettengeschmückten Aufsatz mit Kreuz (1843). Die Familiengrabstätte von Greiffenberg schmückt ein ruinen-

Die Inschrift auf dem Eingangsportal des Friedhofs
erinnert an den Bau der zweiten Garnisonkirche

Der ehemalige Garnisonfriedhof ist heute ein öffentlicher Park. Bemerkenswert sind die Eisengusskreuze nach Entwürfen von Karl Friedrich Schinkel

Grünes Idyll mit Fernsehturm: der zweite Hof des Hauses
Schönhauser Straße 12

haftes Ensemble aus drei Säulen und Gebälk nach dem Vorbild des Castor- und Polluxtempels in Rom mit Reliefköpfen in vier Medaillons.

Auf dem östlichen Teil des Garnisonfriedhofs jenseits der Gormannstraße waren Gräber für die unteren Dienstränge. Er wurde 1867 geschlossen, zehn Jahre später als Spazierpark freigegeben und um 1900 als Bauland verkauft und sukzessive überbaut. Auf dem bis heute erhaltenen Teil fanden bis in die Nachkriegszeit Beerdigungen statt. In der südöstlichen Ecke befinden sich Sammel- und Einzelgräber für Opfer des Zweiten Weltkriegs. Die jüngsten Begräbnisstätten stammen aus dem Jahr 1961, in dem der Friedhof für Bestattungen geschlossen wurde. Zwei Jahre später hat man die im Krieg ausgebrannte Friedhofskapelle und vier verfallene Mausoleen abgerissen.

*Das Portal des spätklassizistischen Hauses Max-Beer-Straße 7
zieren antikisierende Figuren*

Ein Beispiel für den noblen Spätklassizismus in Berlin ist
die Fassade des Hauses Neue Schönhauser Straße 12. Sie entstand 1857 beim Umbau des damals schon hundert Jahre alten
Gebäudes durch den Brauereibesitzer Johann Ley. Charakteristisch sind die fein geschnittene Putzquaderung, die ornamentierten Friese und geraden Fensterverdachungen. Der heutige
olivbraune Ölfarbenanstrich erfolgte aufgrund von historischen
Befunden. Von 1857 ist auch die Eisentreppe aus vorgefertigten
Gussteilen im Vorderhaus. Aus der Entstehungszeit des Hauses
Mitte des 18. Jahrhunderts haben sich die rückwärtigen Seitenflügel erhalten, die heute einen der malerischsten Innenhöfe
des Scheunenviertels bilden (s. S. 6).

Ähnliche spätklassizistische Formen zeigt das 1859 vom
Schulmeister Friedrich Wilhelm Gebhardt erbaute Mietshaus

in der Max-Beer-Straße 7. Das Portal mit dem Thermenfenster über der Tür und den antikisierenden Figuren mit feinen Rankenfriesen zu beiden Seiten des Torbogens konnte anhand der erhaltenen Reste in der Nachwendezeit originalgetreu wiederhergestellt werden. Fehlende Kassettierungen und Dreiviertelsäulen am Tor wurden ebenfalls ergänzt.

Bereits etwas aufwändiger und plastischer gegliedert zeigt sich die Fassade des Hauses in der Mulackstraße 22 aus dem Jahr 1862, errichtet vom Kaufmann Hermann Ferdinand Doerfel. Das halb über Straßenniveau liegende Kellergeschoss und das Erdgeschoss formen mit ihrer Putzquaderung einen hohen Sockel, der von dem Rundbogenportal mit Thermenfenster dominiert wird. Die beiden folgenden Geschosse werden seitlich durch jeweils drei Pilaster mit Kompositkapitell verbunden, zusätzlich sind hier die Fenster durch eingestellte Pilaster betont. Es folgt ein kräftiges Gesims, über dem ein weiteres Stockwerk mit Schieferplatten verkleidet wurde, als handelte es sich um ein Mansarddach. Auffällig sind die an der Straße liegenden Zugänge zu den Kellern, die für Kleingewerbe genutzt wurden.

Reliefs von Schinkels Bauakademie

Ein herausragendes Beispiel für die Architektur der Nachfolger Karl Friedrich Schinkels stellt das Direktoratsgebäude in der Weinmeisterstraße 15 dar, das 1865 nach Entwürfen des Stadtbaurats Adolf Gerstenberg errichtet wurde. Es ist der einzige erhaltene Bauteil des Sophien-Gymnasiums, das sich einst bis zur Steinstraße erstreckte, und zeigt den großen Einfluss der 1832 von Schinkel entworfenen Bauakademie. Mit diesem

Beeinflusst von Schinkels Bauakademie: Fassade des Direktoratsgebäudes in der Weinmeisterstraße 15

Spätwerk am Werderschen Markt hatte der preußische Baumeister neue Maßstäbe für den Einsatz von Formziegelsteinen
und Terrakotta-Elementen gesetzt. Es wurde 1962 abgerissen,
der Wiederaufbau ist geplant. An vielen Orten in Berlin finden
sich bis heute Bauwerke aus der Mitte des 19. Jahrhunderts mit
klar gegliederten und fein profilierten Fassaden, die von der
Bauakademie beeinflusst sind.

In der Durchfahrt des Direktoratsgebäudes, aufwändig als
Kreuzgratgewölbe gestaltet, wurden Kopien einiger Reliefs
der Bauakademie in die Wände eingelassen, die Schinkel für
die Brüstungen der Fenster im ersten Obergeschoss entworfen hatte und die, wie er schreibt, »Momente aus der Entwick-
lungsgeschichte der Baukunst« zeigen. Von den dortigen einst
24 Motiven sind in der Weinmeisterstraße sieben zu sehen:

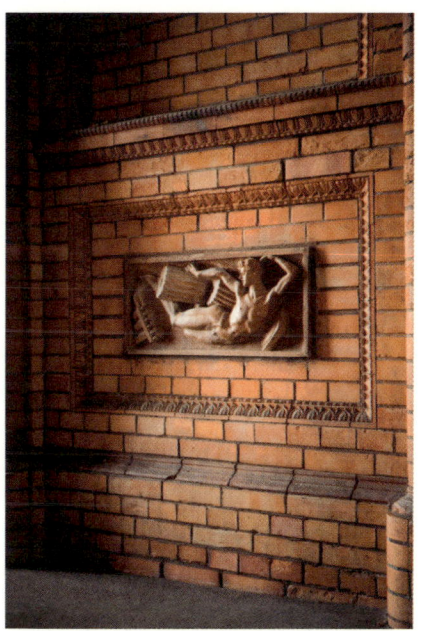

In die Wände der Durchfahrt wurden Kopien einiger Reliefs von Schinkels Bauakademie eingelassen. Das Motiv des dahingesunkenen Jünglings über einer Säule hat man verkehrt herum eingesetzt (rechts)

Apoll, Schutzgott der Kunst, mit Lyra; die Malerei, Schwesterkunst der Architektur; Steinmetze an gotischen Fialen; ein alter Architekt mit Schülern. Außerdem drei Darstellungen der Vernichtung klassischer Kunst: ein dahingesunkener Jüngling mit ionischem Kapitell, ein Jüngling mit Dreiecksgiebel sowie der gestürzte Genius der Baukunst über einer zerbrochenen dorischen Säule (kurioserweise wurde dieses Relief auf dem Kopf stehend eingebaut).

Unter dem kräftigen Hauptgesims des Direktoratsgebäudes hatte der Maler Max Lohde ein breites Friesband in Sgraffito-Technik ausgeführt. Die antikisierende Bildfolge bezieht sich auf die Unterrichtsfächer der Schule. 1886 hat man den abgewitterten Fries aus gebrannten Tontafeln in der ursprünglichen Farbgebung erneuert, zugleich wurden die beiden allego-

Das ursprünglich dreigeschossige Haus Neue Schönhauser Straße 14 wurde 1869 aufgestockt und umgestaltet (rechts). Einige Brüstungsfelder sind mit antiken Figuren und Blumenranken verziert

rischen Sandsteinfiguren über dem Portal hinzugefügt, eine Büste der Minerva zwischen zwei Greifen.

Das Gebäude Neue Schönhauser Straße 14 mit seiner Fassade von 1869 zeigt exemplarisch, wie die einst dreigeschossigen Häuser aus der ersten barocken Bebauung des Viertels aufgestockt und zugleich dem spätklassizistischen Zeitgeschmack entsprechend umgestaltet wurden. Der Kern des Vorderhauses ist seit 1767 dokumentiert, die ursprüngliche Treppe erhalten. Beim Umbau 1869 durch den Kaufmann Gabriel Landsberger wurde ein weiteres Vollgeschoss hinzugefügt. Dabei übernahm man die Reihung der Fenster, betonte aber die Mittelachse über dem Portal zusätzlich durch jeweils doppelte Pilaster und einen Dreiecksgiebel im zweiten Obergeschoss. Das dortige Fenster und jene im ersten Stock erhielten Brüstungs-

Das Victoria-Theater mit der Münzstraße (im Vordergrund). Der imposante Bau wurde 1891 abgerissen. Heute verläuft dort die Rosa-Luxemburg-Straße

felder mit antiken Figuren und Blumenranken. Alle Fensterverdachungen wurden mit Akanthusfriesen verziert.

Ein weiteres Bauwerk der Zeit verdient Erwähnung, auch wenn es nur wenige Jahrzehnte existierte: das Victoria-Theater. Es entstand am ehemaligen Standort des Ende der 1850er Jahre abgerissenen Palais von Sydow in der Münzstraße. Dessen langgezogenes Grundstück mit Garten bot ausreichend Platz für das damals größte Theater Berlins, einen bemerkenswerten Bau, wie es ihn bis dahin nicht gab – und auch danach nicht. Das von Eduard Titz errichtete imposante Gebäude hatte zu beiden Seiten der Bühne jeweils einen halbkreisförmigen Zuschauerraum mit 1400 Sitzen, einen für die Wintersaison und einen mit großen Fenstern und umlaufenden Terrassen versehenen für die Sommersaison. Aus beiden Auditorien konnte man zusammen mit der Bühne einen fast 70 Meter langen Saal für Feste, Konzerte und Bälle machen.

Das Victoria-Theater erlebte eine kurze Blütezeit, 1881 wurde hier Richard Wagners *Ring des Nibelungen* zum ersten Mal in Berlin aufgeführt – in Gegenwart des Komponisten und seiner zweiten Ehefrau Cosima. Nachdem aufgrund baulicher Veränderungen die doppelte Bespielbarkeit in Sommer und Winter nicht mehr möglich war, konnte sich das Theater nicht mehr halten. Es wurde 1891 geschlossen und abgerissen. Zur Freude der Stadtplaner: Hier öffnete sich der ideale Korridor für eine neue Straße durch das Scheunenviertel. Aber diese Geschichte spielt erst um die Jahrhundertwende (s. S. 58).

II. Kapitel: 1871 bis 1918

»HINTERHOF« DER REICHSHAUPTSTADT

Mit der Gründung des Deutschen Reiches 1871 avancierte Berlin von der Hauptstadt Preußens zur Hauptstadt eines Landes mit über 40 Millionen Einwohnern, das von Kiel bis München und von Aachen bis Königsberg reichte. Diese neue Rolle sollte die Dynamik Berlins, die mit der frühen Industrialisierung bereits eingesetzt hatte, weiter anfachen und schließlich zum schnellsten Wachstum in seiner Geschichte führen.

Man muss sich die rasante Ausdehnung räumlich vor Augen führen. Bei der Reichsgründung zählt Berlin rund 800 000 Einwohner, die innerstädtische Bebauung endet etwa nördlich der Torstraße und im Süden hinter dem Kottbusser Tor, östlich am heutigen Ostbahnhof und im Westen kurz hinter dem Potsdamer Platz. Wilmersdorf ist noch ein Dorf inmitten von Landwirtschaft, der Kurfürstendamm ein Reitweg, der gesamte Prenzlauer Berg und Friedrichshain sind noch unbebaut. Und gut 40 Jahre später ist fast die gesamte Fläche bis zum S-Bahn-Ring mit dichter Mietshausbebauung zugewachsen. Bis 1910 hat sich die Einwohnerzahl mehr als verdoppelt, auf rund zwei Millionen.

Eine Reihe von Bauwerken im Zentrum sind Zeugnisse der neuen Funktion Berlins als Reichshauptstadt: Siegessäule und Reichstagsgebäude am damaligen Königsplatz, mehrere Reichsministerien rund um die Wilhelmstraße oder der Berliner Dom am Lustgarten. Das Scheunenviertel blieb von dieser Bautätigkeit genauso unberührt wie vom umfangreichen

Bauprogramm der Stadt Berlin, zu dem allein der Stadtbaurat Ludwig Hoffmann über 60 Schulen und Turnhallen, 13 Krankenhäuser, acht Brücken und fünf Badeanstalten beitrug. Und doch standen auch dem Scheunenviertel bis zum Ersten Weltkrieg erstmals einschneidende Veränderungen bevor: der Bau des Stadtbahnviadukts, vor allem aber der Durchbruch einer neuen Straße – der heutigen Rosa-Luxemburg-Straße. Es war ein Großprojekt, an dessen Ende das Quartier mit den engen Scheunengassen ausgelöscht wurde.

Der Liebenow-Plan des Jahres 1876 zeigt das Scheunenviertel zu Beginn der Gründerzeit (vgl. vordere Innenklappe). Man erkennt die dichter gewordene Bebauung mit Seitenflügeln und Quergebäuden auf den rückwärtigen Grundstücken. Der Straßenzug Neue Schönhauser/Münzstraße/Alexanderstraße ist auf der südlichen Seite zum Festungsgraben hin jetzt durchgehend bebaut. Das Victoria-Theater hebt sich als größtes Gebäude im Viertel deutlich ab, und nördlich davon – zwischen Amalienstraße und Koblankstraße – sind noch ein halbes Dutzend Scheunen zu sehen.

Bei den Neubauten im Scheunenviertel herrschten nach der Reichsgründung andere Maßstäbe. Viele Häuser aus der ersten Bebauungszeit wurden abgerissen, man legte oft Parzellen zusammen und bebaute sie mit fünfgeschossigen Wohn- und Geschäftshäusern, wie in anderen Teilen Berlins schon länger üblich.

Exemplarisch lässt sich diese Entwicklung anhand des Hauses Hackescher Markt 4 beschreiben, das weithin sichtbar den Platz beherrscht. Das Grundstück war 1805 aus der Zusammenlegung von drei älteren Anwesen entstanden. Im Jahr der Reichsgründung 1871 erwarben die Kaufleute Her-

Neue Traufhöhe: Das Haus Hackescher Markt 4 von 1873 war eines der ersten fünfgeschossigen Gebäude im Quartier

mes & Hey das Ensemble und ließen sämtliche Vorgängerbauten aus der zweiten Hälfte des 18. Jahrhunderts abreißen.
1873 errichteten sie das heutige fünfgeschossige Gebäude. Die
Fassade war noch in spätklassizistischer Weise gegliedert und
dezent ornamentiert, bekam aber – damals neu – aus der Fassade hervortretende Erker: an beiden Gebäudeecken jeweils
zwei, außerdem je einen am Übergang zur Nachbarbebauung.
Eine ausgesprochen qualitätvolle Gestaltung zeigt sich in den
beiden Haupttreppenhäusern. Insbesondere die Ausstattung
des Vestibüls an der Neuen Promenade mit Atlas-Hermen und
aufwändiger Stuckdecke sowie die um ein ovales Auge geführ-
te Treppe könnten darauf hinweisen, dass die Entwürfe von

Pracht der Gründerzeit: herrschaftliches Vestibül im Haus Rosenthaler Straße 51. Die aufwändigen Schnitzereien sind typisch für die Epoche

einem renommierten Architekten stammen, möglicherweise von Bauinspektor Carl Hesse, der in dem Haus 1876 eine Wohnung mietete. Im Zweiten Weltkrieg erlitt das Gebäude einen Bombentreffer, der die Ecke zur Oranienburger Straße bis auf das Erdgeschoss zerstörte. Diese Fehlstelle blieb auch nach der Wiederherstellung des Hauses mit entstuckter Glattputz-Fassade zu DDR-Zeiten jahrzehntelang erhalten. 2001 begannen die Rekonstruktion der Ecke und die annähernde Wiederherstellung des einstigen Fassadenschmucks. Auch die Treppenhäuser hat man in der Fassung von 1873 restauriert.

Noch aufwändiger wurde das 1877 errichtete Gebäude in der Rosenthaler Straße 51 gestaltet. Die einst von italienischen Renaissancepalästen inspirierte Straßenfassade ging zwar verloren und wurde auch bei der Sanierung 1999 nicht wieder-

49

hergestellt. Aber die Pracht der Gründerzeit hat sich sowohl rückwärtig wie im Inneren erhalten. Zum Hof hin tritt das große Treppenhaus plastisch hervor. Die Fassaden leben vom Wechsel der beigefarbenen und roten Ziegelbänder, zum Dach hin werden sie von einem aufwändig gestalteten Gesims abgeschlossen. Auf die hier einst befindliche Weißbierbrauerei von E. Richter & Co. verweisen zwei Schmuckreliefs aus Terrakotta: Sie zeigen Heinzelmännchen beim Bierbrauen. Das mit Stuckmarmor ausgekleidete Vestibül und die geschnitzte Eichenholztreppe entfalten eine herrschaftliche Atmosphäre, die sich in den reich ausgeschmückten Räumen der Obergeschosse fortsetzt.

Zu jener Zeit hatten auch neue Eisenbahntrassen und Bahnhöfe die Stadtlandschaft verändert. 1877 war die Ringbahn um das Zentrum komplett. Nun sollte noch eine Eisenbahnverbindung in Ost-West-Richtung folgen, quer durch das dicht bebaute historische Zentrum. Dafür bot sich als einfachste Lösung an, ab der Jannowitzbrücke den Verlauf der ehemaligen Festungsanlagen zu nutzen, die um jene Zeit fast verschwunden, aber noch nicht überbaut waren. Die gesamte Ost-West-Schienenstrecke, ein Viadukt mit 52 Überführungen, ruhte auf gemauerten Bögen mit einer Scheitelhöhe von viereinhalb Metern. Mit der Eröffnung der Stadtbahntrasse 1882 war das Scheunenviertel an den Bahnverkehr angeschlossen: über den Bahnhof Alexanderplatz (der später umgebaut wurde) und die prächtige Station »Börse«, die heute »Hackescher Markt« heißt und als Berlins schönster S-Bahnhof gilt.

Im Jahr 1885 entstand in der Rückerstraße 4 ein Neubau, der zeigt, dass damals trotz aller Veränderungen an manchen städtebaulichen Regulierungen festgehalten wurde. Weil die Stra-

In schmalen Straßen durfte das Vorderhaus nicht mehr
als drei Geschosse haben (hier Rückerstraße 4)

*Das Volkskaffeehaus in der Neuen Schönhauser Straße 13
ist ein frühes Werk von Alfred Messel*

ße so eng war, durfte das Vorderhaus nicht höher werden als die älteren dreigeschossigen Gebäude dort. Weitere Beispiele solcher Gründerzeitbauten innerhalb der alten Traufhöhe findet man in den ebenfalls schmalen Straßenkorridoren der Mulackstraße (Nr. 19, Nr. 37) oder der Gormannstraße (Nr. 12). Deshalb wirken Fassaden wie in der Rückerstraße noch gedrängter mit ihrem üppigen Schmuck im Stil der Renaissance. Diese lebt vor allem vom Kontrast zwischen roten Klinkern und hellen Stuckornamenten. Das Haus ist eines der wenigen im Quartier mit Balkonen. Zusammen mit dem Vorderhaus wurde im Hinterhof eine Metallwarenfabrik errichtet – ein Beispiel für die im Scheunenviertel häufige Verbindung von Wohnen und Fabrikation auf einem kleinen Grundstück. Das Fabrikgebäude mit der Fassade aus schwarzen und roten Klinkern überragt mit seinen fünf Geschossen die Bebauung direkt an der Straße, ist aber von dort aus nicht zu sehen. Die Straßenfront überlebte die DDR-Zeit vergleichsweise gut, nur die Balkone waren wegen Baufälligkeit entfernt worden. Sie wurden nach der Wende wieder angebracht, der Neorenaissance-Schmuck sorgfältig restauriert.

In der Neuen Schönhauser Straße 13 steht ein Frühwerk von Alfred Messel, einem der bedeutendsten Architekten vom Ende des 19. Jahrhunderts. In Darmstadt aufgewachsen, kam er mit seinem Schulfreund Ludwig Hoffmann, dem späteren Berliner Stadtbaurat, zum Studium an die Bauakademie. Messel machte später mit Mietshäusern des Reformwohnungsbaus und privaten Villen auf sich aufmerksam und wurde der führende Baumeister der Berliner Warenhaus-Architektur.

Das ehemalige Volkskaffeehaus in der Neuen Schönhauser Straße 13 ist das älteste bis heute erhaltene Bauwerk von Messel. Er errichtete es 1890 für die »Volkskaffeehaus- und Speise-hallengesellschaft«, etwa zeitgleich mit seinem Haus gleicher Bestimmung in der Chausseestraße 105, das ebenfalls erhalten ist. Im Gegensatz zu den Kaffeehäusern nach Wiener Vorbild mit ihrem eleganten Publikum dienten die Volkskaffeehäuser einem gemeinnützigen Zweck. Sie sollten »einem wirklichen Bedürfnis der arbeitenden Kreise in menschenfreundlicher Weise abhelfen«, wie es im Handbuch *Berlin und seine Bauten* von 1896 heißt. »In diesen Kaffeehallen soll eine möglichst große Zahl Unbemittelter ... Kaffee mit Zubrot für ein Billigstes erhalten und verzehren können.«

Im Erdgeschoss mit seiner überdurchschnittlichen Raum-höhe entstanden zwei Kaffeehallen, die jeweils über Rundbo-genfenster großzügig belichtet wurden: links eine kleinere für Frauen, rechts ein dreimal so großer Raum für Männer, der bis zum rückwärtigen Hof reichte. Die asymmetrisch ausba-lancierte Fassade entwarf Messel im malerischen Stil der süd-deutschen Renaissance – wenngleich in den Formen schon deutlich reduziert, verglichen mit den üppiger dekorierten Bauwerken der Zeitgenossen. Über dem Sockel wurde die Stra-ßenfront so zurückgesetzt, dass Platz blieb für einen durchge-henden Austritt und zur Linken für einen zweigeschossigen Erker mit Schmuckgiebel. Im dritten Obergeschoss sind drei Fenster zu einem weiteren Schmuckgiebel zusammengefasst, der die Traufe durchbricht.

Das Gebäude war nach Jahrzehnten der Vernachlässigung zu DDR-Zeiten in einem schlechten Zustand. Nach der Wende konnten bei der Renovierung 1997 viele Details wiederhergestellt und die einstige florale Bemalung mit dem Schriftzug freigelegt werden. Wie sich Messels Architektur später zu frühmodernen

Formen weiterentwickelte, lässt sich in der Nähe besichtigen: In der Rosenthaler Straße/Ecke Sophienstraße steht das ehemalige Warenhaus Wertheim, das als einziges seiner drei Berliner Warenhäuser in Teilen erhalten ist (vgl. S. 63).

Der Durchbruch der Kaiser-Wilhelm-Straße

Durch den dynamisch wachsenden Verkehr war mittlerweile klar geworden, wie dringend die Stadt eine neue, leistungsfähige Straßenverbindung zwischen dem Boulevard Unter den Linden im Westen und den sich rasch vergrößernden Stadtvierteln entlang der Schönhauser und Prenzlauer Allee im Nordosten der Stadt brauchte. Schon in den 1860er Jahren hatte man geklagt, dass es zu wenige und zu schmale Übergänge über die Spree und den ehemaligen Festungsgraben gebe. Die Königstraße, die vom Schlossplatz am Roten Rathaus vorbei zum Alexanderplatz führte, reichte bei weitem nicht mehr aus. Außerdem war es eine willkommene Gelegenheit, als rückständig oder »verslumt« empfundene Quartiere der Altstadt entlang der Strecke abzureißen und neu zu ordnen. Aber erst Anfang der 1870er Jahre entstanden konkrete Pläne: Der Durchbruch der nach Wilhelm I. benannten Kaiser-Wilhelm-Straße sollte am Lustgarten zwischen Schloss und Dom beginnen, an der Marienkirche vorbeiführen, den Festungsgraben kreuzen und durch das Scheunenviertel schließlich die Torstraße erreichen. Es war ein kompliziertes Großprojekt, das sich über Jahrzehnte hinziehen sollte: An jedem Abschnitt mussten die Interessen der Stadt, der Hausbesitzer und möglicher Investoren in Einklang gebracht werden.

Straube-Plan von 1893/95: In der Bildmitte erkennt man den ersten Durchbruch der Kaiser-Wilhelm-Straße bis zu den Scheunengassen jenseits der Hirtenstraße (vgl. S. 70/71)

Für den Durchbruch hinter der Münzstraße bot sich der Standort des Victoria-Theaters mit den angrenzenden Freiflächen an. Um den Theaterbau dennoch zu erhalten, schlug der Stadtplaner August Orth vor, die Kaiser-Wilhelm-Straße in beide Richtungen an dem Bauwerk vorbeizuführen, wodurch es auf einer Verkehrsinsel gestanden hätte. Auch die einstigen Scheunengassen sollten weitgehend erhalten bleiben, indem man für die letzte Teilstrecke bis zur Torstraße die Koblankstraße verbreitert hätte. Ab 1875 kaufte die Stadt Grundstücke an der geplanten Strecke auf, Mitte der 1880er Jahre begannen die Bauarbeiten, die in östlicher Richtung voranschritten. 1888 hatte man die neue Kaiser-Wilhelm-Straße bis zur Münzstraße fertiggestellt. Drei Jahre später war dann der Weg ins Scheunenviertel frei: 1891 wurde das nicht mehr wirtschaftliche Victoria-Theater abgerissen und der Durchbruch bis zur Hirtenstraße – kurz vor den Scheunengassen – verlängert.

Neorenaissance: Für das monumentale Wohn- und Geschäftshaus Münz-straße 21-23 wurden drei Parzellen zusammengelegt. Die Hofgestaltung entspricht heute wieder der ursprünglichen Fassung (links)

Ein prächtiges Exemplar der Neorenaissance-Architektur entstand 1893 in der Münzstraße 21-23. Für das monumental wirkende Wohn- und Geschäftshaus der Baumeister Poetsch & Bohnstedt wurden drei Parzellen zusammengelegt. Die lange Straßenfront aus hellrotem Klinker und Sandstein steht weit-hin sichtbar im Straßenraum der hier einmündenden Wein-meisterstraße und Alten Schönhauser Straße und bildet auf diese Weise fast so etwas wie einen Stadtplatz. Getreppte Gie-bel und dekorierte Erker betonen die seitlichen Achsen sowie

Detail im ersten Hof: Den Zugang zum hinteren Treppenhaus schmückt ein Portal – das prächtigste im Scheunenviertel

den Gebäudeknick, links außen ragt ein Wasserspeier in den Straßenraum. Auch die Rundbogenfenster im ersten Oberge-schoss sind aufwändig gestaltet, dekorative Maueranker setzen weitere Akzente. Die großen Vorderhauswohnungen werden über repräsentative Treppenhäuser erschlossen. Die Putzfas-saden der Wohnhof-Flügel öffnen sich mit Loggien und Erkern zum für damalige Verhältnisse großzügigen Gartenhof. Dieser wurde nach der Wende annähernd in den ursprünglichen Zu-stand versetzt. Er ist neben dem Garnisonfriedhof das einzige weitere Gartendenkmal im Scheunenviertel. Ein prächtiges Sandsteinportal in Renaissanceformen führt zur Treppe im Querhaus. Der zweite Hof dient als Gewerbehof und wird von vier- bis fünfgeschossigen Gebäudeflügeln umschlossen.

Der Jugendstil ist im spröden Berlin nur eine schwache Strömung gewesen. Aber in der Almstadtstraße 11 hat sich ein schönes Gebäude dieser Architekturrichtung erhalten. Es wurde nach dem Abriss der bestehenden Häuser 1902 von Gustav Lanzendorf für den Essig- und Senffabrikanten Otto Heinn errichtet. Damit setzte sich die Tradition des seit 1840 geführten Familienbetriebs fort. Das Haus enthielt Wohnun-gen im Vorderhaus, die Seiten- und Quergebäude waren für die Fabrikation bestimmt. Entsprechend unterscheidet sich die Formensprache. An der aufwändig mit Jugendstilornamentik dekorierten Straßenfront ist das gequaderte Erdgeschoss mit hohen Rundbögen als Geschäfts- und Ladenetage gekennzeich-net. Weinblattmotive deuten auf die ehemalige Nutzung hin. Im Inneren sind die Durchfahrt und die Treppenanlage ebenfalls reich gestaltet, selbst die Hofeingänge zu den Treppenhäusern erhielten aufwändige Portale. Sie sind wie die Hoffassade des Fabrikgebäudes mit weiß und türkis glasierten Verblendsteinen gestaltet. 1925 übernahm der Neffe von Otto Heinn den Betrieb und ließ den linken Seitenflügel aufstocken.

In der Geschäftshaus-Architektur kündigte sich um diese Zeit eine neue Klarheit und Vereinfachung an. Zunächst wurden die Schaufenster größer und zogen sich bald bis in den ersten Stock. Anstelle von Lochfassaden mit eingeschnittenen Fenstern in den Obergeschossen gliederten die Architekten die Fassaden zunehmend durch aufstrebende Pfeiler, die mehrere Etagen zusammenfassten. Dazwischen ergaben sich größere Fensterflächen.

Ein seltenes Beispiel für Jugendstil im Berliner Zentrum ist das Wohn- und Gewerbehaus Almstadtstraße 11

Die einzige erhaltene Kaufhaus-Fassade
von Alfred Messel

Zu den Wegbereitern dieser frühmodernen Bauten zählt Alfred Messel, der für die Warenhauskette Wertheim bedeutende Pfeilerfassaden schuf, etwa die 240 Meter lange Front des gewaltigen Komplexes an der Leipziger Straße (wo heute die »Mall of Berlin« steht). Von den drei Kaufhäusern Messels in Berlin hat nur die einstige Filiale in der Rosenthaler Straße 28-31, die er 1903 mit Walter Schilbach errichtete, Krieg und Abrisse überlebt – wenn auch zu Teilen entstellt. Im Original erhalten ist nur die Seitenfront in der Sophienstraße mit den für Messel typischen, in gotisierender Weise vom Bürgersteig bis zum Abschlussgesims durchlaufenden Pfeilern. Dazwischen liegen im Erdgeschoss große Korbbogen-Fenster, im Obergeschoss sind die Fenster durch eingestellte, feinere Pfeiler gestaltet. Im Vergleich dazu war die zwölfachsige Hauptfront zur Rosenthaler Straße mit plastischer Ornamentik geradezu üppig verziert, besonders das dreiachsige Eingangsportal. Diese Schaufassade wurde im Krieg schwer beschädigt und zu DDR-Zeiten vereinfacht wiederaufgebaut sowie um ein Geschoss aufgestockt. Bei der Renovierung nach der Wende erhielt das Gebäude zu beiden Straßenseiten neue Dächer und eine neue Fassade zur Rosenthaler Straße. Dabei kamen Teile des einstigen Dekors aus Dorlaer Sandstein zum Vorschein, die offen belassen wurden und bis heute zu sehen sind.

Ein weiteres Beispiel für eine Pfeilerfassade dieser Zeit ist das ehemalige Geschäftshaus der Werkzeug- und Maschinenhandlung Hermann Lembke in der Münzstraße 18 (deren einstiger Schriftzug am Haus in der Nachwendezeit noch zu erken-

*Alfred Messels Kaufhaus Wertheim von 1903 in der Rosenthaler Straße.
Nur die Seitenfassade in der Sophienstraße (links) ist bis heute erhalten*

Eine Pfeilerfassade von 1908:
Geschäftshaus in der Münzstraße 18

nen war, aber später entfernt wurde). Es wurde 1908 von einem
Architekten namens Hinterer erbaut. Der Stahlskelettbau
erlaubt eine optimale Ausnutzung der kleinen Parzelle mit
großen, gut belichteten Räumen. Bei dieser Kalksteinfassa-
de setzen die Pfeiler erst über dem Sockel an. Die Mittelachse
ist erneut durch filigrane, fein profilierte Pfeiler sowie unterschiedlich gestaltete Brüstungsfelder gegliedert. Originell das
Erdgeschoss: Zwischen den abgeknickten Schaufensterverda-
chungen ist der Eingang mit kantigen Säulen gerahmt, die ein
kräftiges Gesims tragen.

Neben solchen frühmodernen Bauwerken dominierte
weiter der Historismus in seinen verschiedenen Varianten.
Dazu zählte ein besonders bei Kaiser Wilhelm II. populärer
Stil, der von mittelalterlichen Bauformen inspiriert war und
wahlweise als »Teutonismus«, »wehrhafter Reichsstil« oder
als »altdeutsch« bezeichnet wird. Dieser Richtung lässt sich
das viergeschossige Wohn- und Geschäftshaus in der Rosa-

Das Haus in der Rosa-Luxemburg-Straße 14 ist ein Beispiel
für den »Teutonismus«, wie in Kaiser Wilhelm II. mochte

*Reformarchitektur im großen Stil: die Anlage des
Beamten-Wohnungs-Vereins in der Torstraße 3-15*

Luxemburg-Straße 14 zuordnen, das der Likörfabrikbesitzer
C. A. F. Kahlbaum im Jahr 1908 errichtete. Prägend für die Fassade ist das betont schroff gestaltete und dadurch wehrhaft
wirkende graue Quadermauerwerk nicht nur im Sockel, sondern auch in den oberen Partien. Die Fensteröffnungen mit
Dreipass- oder Kleeblattbögen erinnern an Formen aus dem
Mittelalter, im dritten Obergeschoss werden sie von doppelten
Pilastern gerahmt. Der gesprengte Giebel über dem Eingang,
die Brüstungsfelder und der Giebel über dem Erker sind mit
Bauplastik geschmückt. Das Treppenhaus ist dagegen im Jugendstil gehalten. In die Füllungen des Geländers aus Eichen-
holz wurden florale Motive geschnitzt.

Die oft beengten und unhygienischen Zustände in den Berliner Mietshäusern führten um die Jahrhundertwende zu Reformbestrebungen im Wohnungsbau. Als Bauherren fungierten neuerdings Genossenschaften, die auf größeren Grundstücken Ensembles errichteten, die ihren Mitgliedern mehr Luft und Licht und Grün sowie erschwingliche Mieten ermöglichen sollten. Ein frühes und gut erhaltenes Beispiel des Reformwohnungsbaus steht am Rand des Scheunenviertels in der Torstraße 3-15. Es wurde vom Beamten-Wohnungs-Verein zu Berlin errichtet, gegründet 1900, einer der ältesten und traditionsreichsten Genossenschaften der Stadt. Bereits 1905 hatte sie 10 400 Mitglieder und war damit die mitgliederstärkste Wohnungsgenossenschaft Deutschlands. Die Anlage in der Torstraße wurde 1905 von einem Mitbegründer des Vereins, Erich Köhn, gebaut. Auch in anderen Bezirken sind Wohnbauten von ihm erhalten, der Helenenhof in Friedrichshain gilt als sein wichtigstes Werk. Bei dem Komplex in der Torstraße gruppierte er die Wohnungen um einen länglichen, zur Straße offenen Haupthof und fünf Nebenhöfe. Stilistisch sind die Fassaden mit ihren Erkern, Balkonen, Giebeln und Satteldächern noch dem Historismus zuzurechnen. Das Ensemble wurde 1995 nach denkmalpflegerischen Gesichtspunkten umfassend saniert und modernisiert.

Das Ende der Scheunengassen

1902 genehmigte der Magistrat endgültig den Abriss des gesamten Quartiers mit den Scheunenstraßen, das schon lange als »Armenviertel«, »Hurenviertel« oder »Judenviertel« galt. Es musste Platz machen für eine städtebaulich großzügige und

*Straube-Plan von 1910: Wo sich einst die Scheunengassen befanden,
erstreckt sich ein dreieckiger Platz (vgl. S. 56/57)*

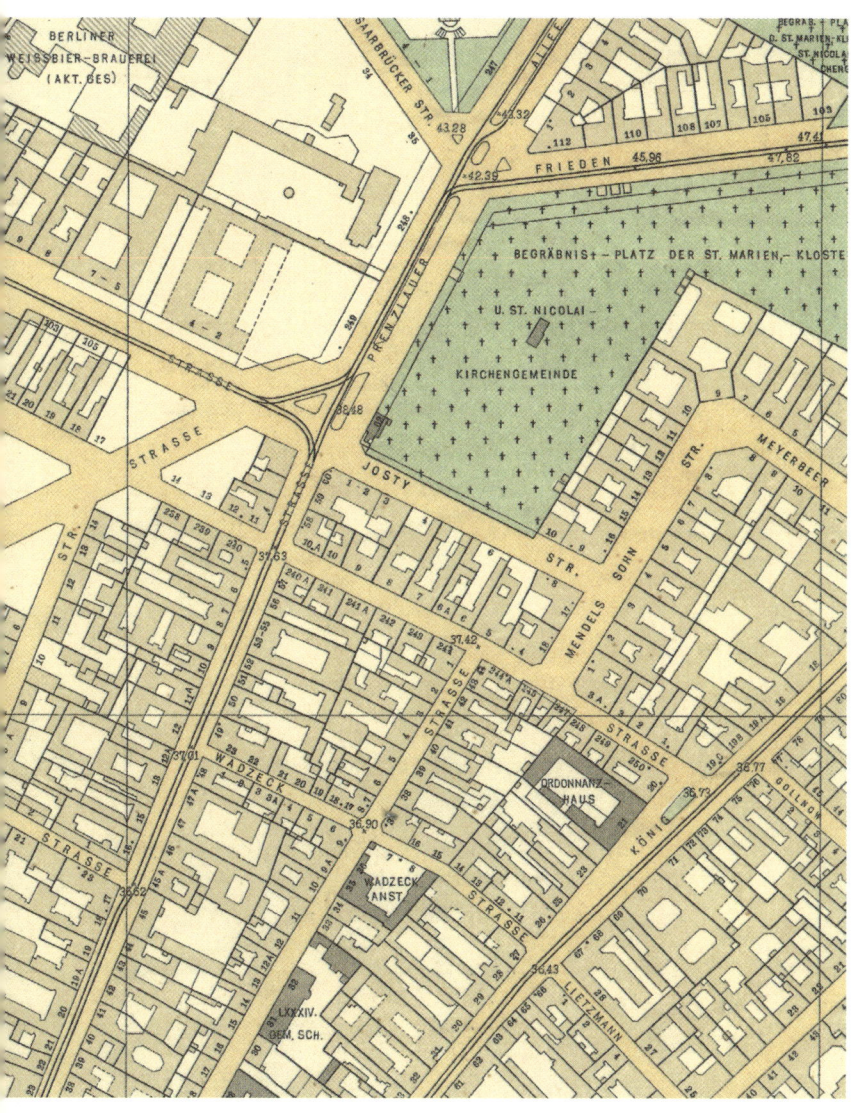

verkehrstechnisch leistungsfähige Neuordnung. Eine dreieckige Anlage namens »Babelsberger Platz« sollte entstehen, wo sich die Kaiser-Wilhelm-Straße gabelt: Nach links sollte sie bis an den Beginn der Schönhauser Allee geführt werden, nach rechts bis zur Prenzlauer Allee. Alternative Varianten, die mehr Rücksicht auf die vorhandene Bebauung genommen hätten, wurden verworfen. Im Jahr 1910 waren die neuen Straßenzüge und der Platz fertiggestellt, der nun nach einem preußischen General der Befreiungskriege »Bülowplatz« genannt wurde (der heutige Rosa-Luxemburg-Platz). Doch es fehlte an Investoren, weil sich trotz der Abrisse das Image des Viertels nicht grundlegend geändert hatte. Viele der freigeräumten Flächen blieben noch längere Zeit unbebaut, manche sogar bis Ende der 1920er Jahre.

Mit den 1906 begonnenen Hackeschen Höfen taucht ein neuer Bautypus in diesem Stadtviertel auf. Das um mehrere große Innenhöfe gruppierte Ensemble aus Wohn-, Geschäfts- und Gewerberäumen sowie Unterhaltungsstätten ist bis heute das größte seiner Art in Berlin. Nach dem Abriss der Vorgängerbauten entstand hier von der Baufirma des Architekten Kurt Berndt auf einer Grundstücksfläche von 9000 Quadratmetern ein Komplex mit insgesamt acht Höfen, die zugleich einen Durchgang bildeten zwischen Hackeschem Markt und Sophienstraße. Dazu gehörten ein Festsaaltrakt im ersten Hof, ein Fabrikgebäude im zweiten Hof sowie fünf Wohnhöfe mit Gewerberäumen im Erdgeschoss. Die Fassade zum Hackeschen Markt zeigte eine eigentümliche Mischung aus üppigem Gründerzeitschmuck und modern wirkenden, großen Fenstern mit beschrifteten Brüstungen. Die Pfeilerfassaden aus farbigen Klinkern im ersten Hof sowie die Ausgestaltung

Heinrich Zille hat die Brache mit den Bretterzäunen
am Bülowplatz in einer Fotografie festgehalten

der »Neumannschen Festsäle« entwarf der Jugendstil-Architekt August Endell.

1945 zerstörten Bombentreffer das vierte Obergeschoss über dem westlichen Treppenhaus im ersten Hof. Zu DDR-Zeiten wurde die Fassade zum Hackeschen Markt 1961 vereinfacht, das gesamte Ensemble aber schon 1977 unter Denkmalschutz gestellt. Die historische Mischung aus Wohnen, Gewerbe und kultureller Nutzung prägte weiterhin das Quartier. Nach der

Wende wurde es, sorgfältig restauriert und kulturell wiederbe-
lebt, zum Ausgangspunkt für die Renaissance der Spandauer
Vorstadt und des Scheunenviertels.

Wenige Jahre nach dem Bau der Hackeschen Höfe beauf-
tragte die Metropol-Theater AG den Architekten Kurt Berndt,
das Konzept dieses Ensembles auf einem kleineren, langgezo-
genen Grundstück in der Neuen Schönhauser Straße 20 um-
zusetzen. Das Gebäude wurde 1912 fertiggestellt und zeigt sich
zur Straße hin deutlich moderner als die Hackeschen Höfe.
Das Vorderhaus erhielt eine qualitätsvolle, neoklassizistisch
inspirierte Werksteinfassade. Über einem anthrazitfarbenen
Sockel tragen fünf Wandpfeiler das Hauptgesims und fassen
die drei Obergeschosse zusammen. Die Durchfahrt zu den
drei Gewerbehöfen, unauffällig in der rechten Korbbogenöff-
nung angeordnet, dient gleichzeitig als Haupteingang für die
Wohn- und Geschäftsräume. Sie hat im oberen Wandbereich
eine Ausschmückung mit stilisierten Akanthusblättern erhalten. Die Fassaden im ersten Hof sind mit Verblendsteinen in grau-rot-weißem Farbwechsel gestaltet. Das Ensemble
wurde 1999 umfassend instandgesetzt und trägt seitdem den
Namen »Kurt-Berndt-Höfe«. Dabei wurden historische Archi-
tekturfragmente in ihrem überkommenen Zustand hinter be-
leuchteten Glastafeln wie in Vitrinen ausgestellt. Prominen-
tester Mieter des Hauses ist seit Jahren das Goethe-Institut.

Nach 1910 entstanden am Bülowplatz die ersten Neubauten.
Zu den Investoren gehörte der Kaufmann Rudolph Werth, der
bis 1912 in der Weydingerstraße 14-16 ein Geschäftshaus mit
Pfeilerfassade für seine Berliner Türschließerfabrik »Schuberth
& Werth« erbauen ließ. Mit dem Kauf durch die KPD im Jahr
1926 begann eine wechselvolle politische und architektonische

*Luftbild der Hackeschen Höfe: Sie bilden bis heute
das größte Ensemble seiner Art in Berlin*

Geschichte des Gebäudes, die bis in die Gegenwart reicht (vgl. S. 99 und S. 109).

Auf der gegenüberliegenden Seite des Platzes in der Rosa-Luxemburg-Straße 39 errichtete die AOK um 1913 ein Wohn- und Geschäftshaus in traditioneller Typologie. Über dem werkstein-verkleideten, trutzigen Sockel erhebt sich eine viergeschossige Fassade mit Erkerfenstern. Bemerkenswert ist die Treppenanlage hinauf zu den einstigen Schalterhallen im Mezzaningeschoss. Wandverkleidungen aus reich ornamentierten braunen keramischen Platten, neoklassizistisch gestaltete Deckenfelder, Mosaikfußböden und Holzgeländer mit filigranen Eierstäben betonen den repräsentativen Anspruch.

Mit dem Bau der Linie 2 erhielt das Scheunenviertel 1913 erstmals Anschluss an das U-Bahn-Netz. Gut zehn Jahre waren vergangen seit der Eröffnung der ersten Berliner Hochbahnstrecke von der Warschauer Brücke zum Zoologischen Garten. Jetzt führte die verlängerte »Centrallinie« vom Alexanderplatz in den Berliner Norden, mit einer Station am Bülowplatz. Der damals »Schönhauser Tor« genannte U-Bahnhof wurde von Alfred Grenander gestaltet, dem Hausarchitekten der Berliner Hochbahn. Der aus Schweden stammende Architekt war der prägende Baumeister der Berliner Verkehrsarchitektur seiner Zeit. Einst Schüler des Reichstagsarchitekten Paul Wallot und von Alfred Messel, hatte er 1896 sein eigenes Büro gegründet. Bis 1931 gestaltete er einen Großteil der Berliner U-Bahnhöfe, die auch heute noch weitgehend im Originalzustand erhalten sind. Anfangs hatte sich Grenander am Jugendstil orientiert, dann am Klassizismus – exemplarisch dafür sein Entwurf für den U-Bahnhof Wittenbergplatz aus dem Jahr 1913. Schließlich wurde er zu einem wichtigen Protagonisten der Neuen Sachlichkeit (vgl. S. 97).

Stahlstützen mit ionischen Kapitellen tragen die Decke
des U-Bahnhofs »Rosa-Luxemburg-Platz« von 1913

Am heutigen U-Bahnhof »Rosa-Luxemburg-Platz« von 1913
zeigen sich typische Elemente von Grenanders Verkehrsbau-
ten. Mittig durch den 110 Meter langen Bahnsteig verläuft eine
Reihe von genieteten Stahlstützen mit ionischen Volutenkapi-
tellen aus Stahl, eine Reminiszenz an klassische Säulen. Quer
dazu verlaufen die Eisenträger der Decke, zwischen denen sich
Betonkappen wölben. Die heute dunkelblauen Stützen waren
ursprünglich wie die Wandflächen in Gelb gehalten. In den
1970er Jahren wurden die Fliesen ausgetauscht.

Von Grenander stammt das Prinzip der Kennfarbe, bei dem
sich jede Station farblich von den jeweils davor und dahinter
liegenden Bahnhöfen unterscheidet. So kann der Fahrgast jede Station identifizieren, auch wenn er im Gedränge nur wenig von ihr sieht. Mit der Kennfarbe wurden sowohl die Wand-

fliesen wie auch Stützen und Schilderumrahmungen verziert. Dieses Prinzip lässt sich heute noch auf den Berliner U-Bahn-Linien 2, 5, 6 und 8 beobachten. Es kam bis in die 1980er Jahre zur Anwendung (vgl. Grenanders U-Bahnhof Weinmeisterstraße von 1930, S. 98).

Eine Komposition wie in Paris:
Die Volksbühne auf dem Bülowplatz

Eine überragende Bedeutung für das Stadtviertel hatte der 1914 vollendete Bau der Volksbühne, entworfen vom wichtigsten Berliner Theaterarchitekten der ersten Hälfte des 20. Jahrhunderts, Oskar Kaufmann. Geboren in Südungarn, studierte er in Karlsruhe und arbeitete dann in Berlin bei Bernhard Sehring, dem Architekten des »Theaters des Westens«. Kaufmanns Entwurf für das »Hebbel-Theater« in Kreuzberg machte ihn bekannt. Während dieses in eine bestehende Straßenfront eingefügt werden musste, konnte Kaufmann die freistehende Volksbühne auf dem dreieckigen Bülowplatz wirkungsvoll inszenieren: Er platzierte das Theater genau in die Fluchtlinie der Kaiser-Wilhelm-Straße (heute Rosa-Luxemburg-Straße), deren Kulminationspunkt sie bildet (s. S. 138/139) – eine Figur, die in der Geschichte des klassischen Städtebaus zahlreiche Vorbilder hat, etwa in Paris das Opernhaus von Charles Garnier am Ende der Avenue de l'Opéra. Entsprechend monumental entwarf Kaufmann eine Schaufassade mit sechs Kolossalsäulen. Sie wird von zwei pfeilerartigen Seitenrisaliten eingefasst, zwischen denen der Mittelbau wuchtig vorschwingt. Dieser Bewegung folgte das einstige, plastisch geformte Mansard-

*Der Architekt der Volksbühne, Oskar Kaufmann, wollte dem Theater
zwei Gebäude zur Seite stellen (Entwurfszeichnung)*

dach des Hauses, das den Bau aus der Umgebung heraushob.
Die steinern-verschlossene Front öffnete sich nur zwischen
den Säulen über Fensterstreifen, die oben mit jeweils einer
Skulptur von Franz Metzner abgeschlossen wurden. Von ihm
stammten auch die Postamente mit den liegenden Figuren
am Fuße der Seitenrisalite. Über den Kapitellen verläuft ein
schmaler Fries mit Relieffiguren. Wesentliche Elemente dieser
ursprünglichen Komposition gingen beim Umbau des Hauses
in den 1950er Jahren verloren (vgl. S. 110).

Kaufmann hatte geplant, auf dem Bülowplatz zu beiden Seiten seiner Volksbühne Geschäftshäuser zu errichten, die die
gleiche Höhe wie das Theater erhalten sollten. Diese Idee wur-

de in den beiden Wettbewerben für die Neubebauung des Bülowplatzes in den Jahren 1925 und 1927 wieder aufgenommen (vgl. S. 84 und S. 86/87). Realisiert wurden diese flankierenden Gebäude nie.

Bauherr des Theaters war die »Neue Freie Volksbühne«. Unter dem Motto »Die Kunst dem Volke« (so die ursprüngliche Inschrift an der Stirnseite) verwirklichte der Verein sozialdemokratischer Arbeiter mit der Errichtung eines eigenen Hauses sein Anliegen der Vermittlung von Kunst und kultureller Bildung an breite Kreise der Bevölkerung. Durch Aufschläge auf Eintrittskarten und Spenden der Mitglieder, sogenannte »Arbeitergroschen«, konnten ausreichende Summen aufgebracht werden, um mit dem Bau eines Theaters zu beginnen. Zudem stellte die Stadt Berlin eine Hypothek von 2,5 Millionen Mark bereit. Die Volksbühne verfügte neben dem damals modernsten Bühnenhaus der Stadt mit Drehbühne über einen Zuschauerraum mit 2000 Plätzen (die alle das Gleiche kosteten) auf drei traditionell angeordneten Rängen. Holzgetäfelte Wände im Zuschauerraum und in den Foyers erzeugten eine warme und intime Atmosphäre. Unter der Leitung des österreichischen Regisseurs Max Reinhardt erspielte sich das Haus von 1915 bis 1918 eine bedeutende Rolle in der deutschen Bühnenlandschaft, die bis heute fortbesteht. In den 1920er Jahren entwickelte Erwin Piscator dort sein politisches Theater, in den 1970er Jahren prägte Benno Besson das Haus, nach der Wende Intendant Frank Castorf.

III. Kapitel: 1918 bis 1945

SPRUNG IN DIE MODERNE

Der epochale Umbruch des Jahres 1918 vollzog sich in Berlin unter chaotischen Bedingungen. Der Erste Weltkrieg war verloren, Kaiserreich und Monarchie am Ende, und die junge Republik wurde von politischen Auseinandersetzungen erschüttert, die teils mit Waffengewalt ausgetragen wurden.

Nach dem blutig niedergeschlagenen Spartakus-Aufstand im Januar 1919 ermordeten Freikorpssoldaten die Führer der kurz zuvor gegründeten Kommunistischen Partei Deutschlands (KPD), Rosa Luxemburg und Karl Liebknecht. Bei den Märzkämpfen kam es rund um den Alexanderplatz und im Scheunenviertel, einer Hochburg der Kommunisten, zu Zusammenstößen mit der Polizei, es wurden Geschäfte geplündert und Polizeireviere gestürmt, um Waffen zu erbeuten.

Die öffentlichen Haushalte waren in einem desolaten Zustand, die Wirtschaft am Boden, und mit der 1922 einsetzenden Inflation wurden die sozialen Verhältnisse breiter Bevölkerungsschichten zerrüttet. Das ohnehin verrufene Quartier um den Bülowplatz entwickelte sich zu einem Ort von Schwarzhandel und Prostitution. Das Straßenbild änderte sich auch durch den Zuzug vieler Ostjuden, die vor den Kriegswirren in Galizien und Lenins Revolution in Russland geflohen waren.

1926 kaufte die KPD das Geschäftshaus »Schuberth & Werth« aus dem Jahr 1910 in der Weydingerstraße und verlegte dorthin ihre Parteizentrale, die bis dahin in der Rosenthaler Straße 38 am Hackeschen Markt gewesen war. Ihr neues Domizil nannten sie nach ihrem Mitbegründer »Karl-Liebknecht-Haus«. Mit den Umbauten für die neue Nutzung durch das Zentralkomitee und weitere Parteiorgane wie die Redaktion der »Roten Fahne« begann eine wechselhafte politische Geschichte des Gebäudes, die über die zeitweilige Vereinnahmung des Hauses durch die Nationalsozialisten bis in die Gegenwart reicht – das heutige »Karl-Liebknecht-Haus« ist Sitz der Bundesgeschäftsstelle der Linkspartei.

1925 wurde ein neuer Versuch unternommen, endlich die Brache rund um den Bülowplatz einheitlich zu bebauen. Auf Anregung des Berliner Stadtbaudirektors Karl Elkart schrieben die »Emil Heinicke AG« und die »Industrie-Baugesellschaft Centrum am Bülowplatz« einen Wettbewerb aus, um »dem würdelosen Zustand des Scheunenviertels ein Ende zu machen«, wie der Autor der *Deutschen Bauzeitung* berichtete. Der

Abb. 14. Vogelschaubild des Scheunenviertels mit der neuen Bebauung.

Eine Fassung für das Theater: Entwurf aus dem Wettbewerb zur Neugestaltung des Bülowplatzes von 1925

Platz enttäusche »seit vielen Jahren durch eines der hässlichsten Bilder, das Berlin aufzuweisen hat«. Der »isolierte Bau der Volksbühne« wirke »wie ein gewaltiges Fragment«, als sei »der Wille, zu bessern und zu vollenden, auf halbem Wege stehengeblieben«. »In schärfstem Gegensatz zu diesem Theaterbau umschließen öde Bretterzäune die unbebauten Grundstücke, die sich um die spärliche dreieckige Grünfläche in der Mitte des Bülowplatzes herumlagern.« Immerhin notiert der Autor: »Obwohl der hygienische Wert derartiger Grünflächen nur sehr theoretisch ist, hat diese eine starke Anziehungskraft für die kinderreichen Bewohner der umliegenden Massenquartiere.«

Zum Wettbewerb eingeladen wurden die Architekten Jürgen Bachmann, Paul Mebes, Leo Nachtlicht, Emil Schaudt und Heinrich Straumer. Vorgabe war u.a., die Volksbühne zu beiden Seiten mit Gebäuden einzufassen. Das Nutzungsprogramm sah in den Erdgeschosszonen Läden und gewerbliche Räume vor, in den oberen Geschossen Wohnungen mit zwei oder drei Zimmern, außerdem ein Geschäftshaus und ein Kino. Auffällig ist, dass drei der fünf Architekten die Y-förmige Straßengabelung ändern wollten zugunsten einer ovalen bzw. geschwungenen Platzfigur, darunter Emil Schaudt (Architekt des »Kaufhauses des Westens«), dem die Jury den ersten Preis zuerkannte, und Heinrich Straumer (Architekt des Funkturms), der den zweiten Preis erhielt. Der Wettbewerb blieb aber folgenlos, nichts davon wurde gebaut.

Siegerentwurf von Hans Poelzig aus dem Wettbewerb von 1927. Auch er nahm die Idee von Gebäuden zu beiden Seiten des Theaters auf

Dynamische Rundungen:
Das Ensemble von Hans Poelzig

Zwei Jahre später übernahm die Stadt Berlin selbst die Initiative, indem sie einige der unbebauten Grundstücke zurückkaufte. Die Baufirma Alfred Schrobsdorff AG pachtete die Flächen, um »fünfgeschossige Wohnhäuser modernen Charakters mit Warmwasserversorgung und -heizung« zu errichten. Dazu sollten ein großes Lichtspieltheater, ein Bierhaus für mehrere tausend Menschen und ein Café mit Tanzdiele »den überregionalen Charakter des Viertels prägen«, wie es sich die A. Schrobsdorff AG erhoffte. Ein neuer Wettbewerb unter vier Architekten wurde ausgeschrieben, aus dem Hans Poelzig als Sieger hervorging. Der damals schon 58-jährige gebürtige Berliner und Professor an der Technischen Hochschule war einer der bedeutendsten Vertreter der Moderne. Sein Werk bewegte sich zwischen Expressionismus und Neuer Sachlichkeit. Zu den bekanntesten Entwürfen Poelzigs in Berlin zählen der Umbau des Großen Schauspielhauses am Schiffbauerdamm (1988 abgerissen) und das Haus des Rundfunks an der Masurenallee.

Für die Neugestaltung des Bülowplatzes schlug er eine Fassung durch einheitlich gestaltete Häuserblocks mit traditioneller Traufhöhe vor. Auf dem Platz selbst wollte er der Volksbühne jeweils zwei viergeschossige konvexe Blöcke links und rechts zur Seite stellen – einen für die Stadtbibliothek, einen für die Volkshochschule. Auf der Grundlage von Poelzigs Entwurf entstanden bis zum Mai 1929 acht Baublöcke mit 80 Läden und 170 relativ teuren Wohnungen für ein neues Publikum im Scheunenviertel: den gehobenen Mittelstand. Charakteristisch für Poelzigs dynamische Architektursprache sind die abgerundeten Gebäudeecken sowie die horizontale Betonung der Fassaden durch Putzbänder, die jeweils mehrere Fenster einrahmen. Auffällig ist auch der breite Dachüberstand. Wie seine Entwürfe zeigen, hatte sich Poelzig die Gebäude ursprünglich noch avantgardistischer gewünscht: Sie sollten eine zweigeschossige Ladenzone mit fast vollständiger Verglasung erhalten, außerdem durchlaufende horizontale Brüstungsbänder – und alles ohne ausgeprägten Dachabschluss. Aber so weit wollten die Bauherren offensichtlich nicht gehen.

Das bedeutendste Ensemble wurde der Häuserblock mit dem Kino »Babylon« für 1200 Zuschauer, zu seiner Zeit das größte Uraufführungskino im Berliner Osten. Es ist eines der wenigen erhaltenen historischen Filmtheater in Deutschland, dessen Entstehung noch in die Stummfilmära fällt. Durch die

Das Kino »Babylon« in einem der Wohn- und Geschäftshäuser Poelzigs, die bis 1929 am Bülowplatz errichtet wurden

Ein Poelzig-Bau zwischen Linienstraße und Torstraße.
Hier steht heute das Suhrkamp-Haus (s. S. 150)

Zerstörungen im Zweiten Weltkrieg sind von den Poelzig-Bauten heute nur noch der »Babylon«-Häuserblock mit Kino und Tiefgarage sowie zwei weitere Gebäude in der Weydingerstraße erhalten.

Die Weltwirtschaftskrise führte dazu, dass die geplanten seitlichen Bauten an der Volksbühne nicht realisiert werden konnten. Bis heute wurde diese Idee, die schon der Volksbühnen-Architekt Oskar Kaufmann 1913 gezeichnet hatte, nie umgesetzt.

Ein weiteres von Poelzig entworfenes Gebäude entstand 1928 in der Rosa-Luxemburg-Straße 15. Das sechsgeschossige Wohn- und Geschäftshaus bildet mit seinem sachlich-rechteckigen Fassadenmuster aus Putzfeldern einen starken Kontrast zu den anliegenden historischen Mietshäusern aus dem 19. Jahrhundert. Es ähnelt den wenig später entstandenen Bauten von Peter Behrens am Alexanderplatz.

Aus der gleichen Zeit stammt ein bemerkenswerter Eckbau an der nordöstlichen Grenze des Scheunenviertels am Prenzlauer Tor: das Gebäude für das Kredit-Warenhaus Jonass & Co., das der Inhaber des Uhren-Versandhandels Jonass & Co., Hermann Golluber, auf dem noch unbebauten Grundstück zusammen mit seinem Geschäftspartner Hugo Halle errichten ließ und 1929 eröffnete. Der Entwurf stammte von den jüdischen Architekten Gustav Bauer und Siegfried Friedländer. Beide wurden später von den Nationalsozialisten in Konzentrationslager deportiert. Bauers Spur verliert sich in Buchenwald, Friedländer wurde 1942 im Ghetto Riga ermordet. Daran erinnert heute ein »Stolperstein« vor dem Gebäude.

Der wuchtige Komplex im Stil der Neuen Sachlichkeit, der die exponierte Lage architektonisch mit zwei abgerundeten Ecken effektvoll inszeniert, wurde in Skelettbauweise ausgeführt. Die ersten zwei Etagen, mit Naturstein verkleidet, bilden mit ihrer horizontalen Betonung einen kräftigen Sockel, darüber folgt eine fünfgeschossige Pfeilerfassade in Putz, schließlich das mit einem Gesims abgesetzte Dachgeschoss, in dem über einige Jahre ein Dachrestaurant betrieben wurde. Vor allem die Bevölkerung aus dem nahegelegenen Scheunenviertel nutzte die Möglichkeit, in dem Kreditwarenhaus mit über 15 000 Quadratmetern Nutzfläche auch gegen Teilbeträ-

Luftbild des Bülowplatzes von 1930, noch immer unvollendet. Rechts oben steht das moderne Kaufhaus Jonass von 1929 (heute Soho House)

ge einzukaufen. Nach Anzahlung eines Viertels des Warenwertes konnte man den Rest in vier Monatsraten abzahlen. In der NS-Zeit wurden die jüdischen Eigentümer enteignet, und die Reichsjugendführung der NSDAP bezog das Gebäude. Die DDR nutzte es anfangs als Zentrale der Sozialistischen Einheitspartei Deutschlands (SED). Seit 2010 residiert hier der Privat-Club »Soho House«.

Entstuckung und Neue Sachlichkeit

Die architektonische Bewegung für eine neue Sachlichkeit beschränkte sich nicht nur auf Neubauten. Manche Architekten und Bauherren wollten auch die als überladen empfundenen Fassaden aus der Gründerzeit umgestalten. Die ersten »versachlichten« oder »entstuckten« Fassaden entstanden am Kurfürstendamm, wo ohnehin größere Schaufenster nötig wurden. Meist entfernte man Schmuckgiebel, Kuppeln oder Türmchen, man schlug das historistische Dekor ab und ersetzte es durch horizontale Fensterbänder. Im Scheunenviertel hat sich in der Schönhauser Straße 10 ein besonders interessantes Beispiel dafür erhalten. An dem Wohn- und Geschäftshaus von 1888, das als »Rote Apotheke« bezeichnet wird, wurde 1929 das historistische Dekor durch umlaufende Bänder in kräftigem Gelb und Rot ersetzt. Bei der Renovierung der sachlichen Fassade nach der Wende hat man einen kleinen Ausschnitt des ursprünglichen Neorenaissance-Dekors freigelegt. Wie das Gebäude einst aussah, zeigt der Vergleich mit dem links anschließenden Haus aus dem gleichen Jahr, dessen Fassade unverändert erhalten ist. In den beiden Eingängen des Eckhauses

1929 bekam dieses Haus der Gründerzeit eine schlichte Putzfassade. Heute zeigt ein Spalt das ursprüngliche Dekor

dokumentieren die restaurierten Farbfassungen die verschiedenen Bauphasen: Im Treppenhaus an der Rosenthaler Straße wurde die Neorenaissance-Gestaltung wiederhergestellt, in dem an der Neuen Schönhauser Straße die Fassung von 1929.

Eines der bedeutendsten Bauwerke der Neuen Sachlichkeit in Mitte ist das ehemalige Verwaltungsgebäude der Berliner Nord-Süd-Bahn AG in der Rosa-Luxemburg-Straße 2/4, Ecke Dircksenstraße, direkt am Bahn-Viadukt. Es ist das letzte Gebäude von Alfred Grenander und trägt heute seinen Namen. Begonnen wurde es 1928, also noch vor den beiden berühmten Geschäftshäusern von Peter Behrens am Alexanderplatz.

Das Eckgrundstück war unbebaut wegen der Bauarbeiten für die U-Bahn-Linie 8. Grenander schließt den Straßenblock durch einen wuchtigen, klar gegliederten Bau mit sechs Geschossen und einem zurückgesetzten Staffelgeschoss. Mit breit gelagerten Fenstern und durchlaufenden Gesimsbändern betont er die Horizontale. Rote Ziegel und Pfeiler aus hellgrauem Muschelkalk bilden einen reizvollen Kontrast in der Farbe wie im Material. Im Gegensatz zur Strenge des Außenbaus ist das Treppenhaus mit dem schwungvollen Anlauf der Treppe und dem filigranen Geländer dynamischer gestaltet. Im Innenhof entstand ein Umformerwerk, das für den Betrieb der U-Bahn notwendig war.

Was in keinem Architekturführer erwähnt wird: Die Fassade an der Dircksenstraße ist heute 17 Meter kürzer als früher. Ursprünglich hatte sie drei Achsen mehr, und östlich in Richtung Alexanderplatz schloss sich ein weiteres Gebäude an. Dieses hat die DDR im Zuge der Verbreiterung der Karl-Liebknecht-Straße 1968 abgerissen, zusätzlich auch einen Teil des Hauses von Grenander. Damit dieses zur Karl-Liebknecht-Straße wieder einen architektonischen Abschluss erhält, wurde das

*Monumental: das Grenanderhaus in der
Rosa-Luxemburg-Straße / Ecke Dircksenstraße*

Fassadenmuster – unter Verwendung des abgebrochenen Materials – um die Straßenecke herum weitergeführt und um zwei Fensterachsen verlängert. Der Übergang zwischen dem Grenander-Original und der kopierten Fassade ist bis heute zu erkennen: an den Ziegelbrüstungen und an dem flacheren Gesims zwischen erstem und zweitem Obergeschoss.

Mit der Linie 8 war das Scheunenviertel ab 1930 durch eine zweite U-Bahn-Strecke an das Netz angeschlossen. Ursprünglich hatte man erwogen, diese Nord-Süd-Verbindung oberirdisch zu bauen. Eine Firma aus Nürnberg schlug dafür eine Schwebebahn nach Wuppertaler Vorbild vor. Aber Berliner Magistrat und Stadtverordnetenversammlung standen dem Projekt skeptisch gegenüber, vor allem befürchtete man eine Verschandelung der zu durchfahrenden Straßenzüge. Der von der AEG 1914 begonnene U-Bahn-Bau zog sich über Jahre hin, nicht zuletzt durch die Liquidierung der AEG-Schnellbahn-AG im Jahr 1923. Vom Herrmannplatz arbeitete man sich nach Norden vor. Am Alexanderplatz dauerten die Arbeiten länger, weil gleichzeitig der Platzraum umgestaltet wurde.

Auch die Bahnhöfe dieser Linie wurden von Alfred Grenander entworfen, darunter die Station »Weinmeisterstraße«. Durch deren Lage in der schmalen Straße unmittelbar zwischen den Häuserfundamenten konnten damals zwei der drei Zugänge nicht auf den Bürgersteigen gebaut werden, sie mussten in die anliegenden Häuserfronten integriert werden. Nach Gebäudeverlusten im Zweiten Weltkrieg befinden sich heute zwei Zugänge auf den Bürgersteigen. Die Fliesen an den Pfeilern und an den Hintergleiswänden sind in Hellblau gehalten. Da der U-Bahnhof zur Zeit der Teilung Berlins geschlossen war und von den West-Berliner Zügen ohne Halt durchfahren wurde, ist die ursprüngliche Gestaltung fast komplett erhalten.

Die frühen 1930er Jahre waren im Scheunenviertel unruhige Zeiten. Der Bülowplatz wurde im August 1931 zum Ort tödlicher Auseinandersetzungen. Bei der wiederholten Räumung des Platzes erschoss die Polizei bei einem Handgemenge den Klempner Fritz Auge. Daraufhin beschlossen Parteiführer der KPD, darunter Walter Ulbricht, einen Racheakt. Zwei Freiwillige, der spätere Stasi-Chef der DDR Erich Mielke und sein Kom-

Die KPD-Zentrale am Bülowplatz während des Wahlkampfes zur Reichstagswahl im Jahre 1932 (vgl. S. 109)

plize Erich Ziemer, erschossen an derselben Stelle die Polizisten Paul Anlauf und Franz Lenck. In Panik feuerte die Polizei vor dem Karl-Liebknecht-Haus auf die Menge, es gab zwei weitere Tote und 36 Verletzte. Mielke und Ziemer konnten flüchten und in die Sowjetunion entkommen. (Mielke wurde 1993 durch das Landgericht Berlin wegen Mordes an den beiden Polizeibeamten zu einer Freiheitsstrafe von sechs Jahren verurteilt, aber Ende 1995 im Alter von 88 Jahren auf Bewährung entlassen. Er starb im Mai 2000.)

Die Pläne der Nationalsozialisten

Mit der Machtübernahme durch die Nationalsozialisten im Jahr 1933 begann eine architektonische Neuplanung für Berlin in Dimensionen, wie sie die Stadt bis dahin nicht gekannt hatte. Adolf Hitler wollte die Metropole bis 1950 zur »Welthauptstadt Germania« für acht Millionen Einwohner ausbauen. Deshalb machte er seinen bevorzugten Architekten Albert Speer, damals erst 32 Jahre alt, zum »Generalbauinspektor für die Reichshauptstadt«. Kernstück der Planungen war ein Achsenkreuz: Die bestehende Ost-West-Achse sollte verbreitert werden und westlich des Brandenburger Tores eine neue, gewaltige Nord-Süd-Achse kreuzen, die zwischen dem Flughafen Tempelhof und der »Großen Halle« im Spreebogen geplant war. Beide Achsen sollten in alle vier Himmelsrichtungen verlängert werden bis zu Trabantenstädten und je einem Flughafen im Norden, Süden, Osten und Westen. Im Stadtzentrum waren ein neues Forum am Molkenmarkt und Erweiterungsbauten für die Museumsinsel geplant; das Brandenburger Tor sollte zur Umfahrung freigestellt werden.

In all diesen Visionen spielte das Scheunenviertel kaum eine Rolle. Es gab eine Detailplanung, in der der Hackesche Markt auf der Südseite eine neue Einfassung erhalten hätte. Und die Kaiser-Wilhelm-Straße vom Lustgarten bis zur Volksbühne sollte verbreitert und durchgehend mit neoklassizistischen Gebäuden in traditioneller Traufhöhe gefasst werden. Außerdem war hinter dem Prenzlauer Tor ein neuer Durchbruch bis zur Straße Am Friedrichshain vorgesehen. Der endgültig beschlossene Plan für dieses Areal ließ dann aber die Straßen und Gebäude rund um die Volksbühne unangetastet. Stattdessen sollte die neue Prachtstraße nach der Kreuzung mit dem Bahnviadukt nach rechts verschwenkt werden. Aber auch ohne große Eingriffe in die städtebauliche Substanz sollten die Nationalsozialisten nach ihrer Machtübernahme die kommunistische und jüdische Prägung des Viertels durch brutale Verfolgung beenden.

Im Februar 1933 wurde die Parteizentrale der KPD in der Weydingerstraße von der SA besetzt und nach Horst Wessel benannt, einem drei Jahre zuvor von der KPD in Berlin ermordeten Sturmführer der SA, der paramilitärischen Kampforganisation der NSDAP. Fortan wurden in dem Gebäude NS-Gegner und Juden aus dem Viertel verhört und misshandelt. 1934 ließ der preußische Staat das Gebäude zu einem Behördensitz umbauen. Die Pfeilerfassade von 1910 erhielt nach Entfernen der Bauornamentik einen glatten, hellen Putz entsprechend den neuen Vorgaben für die »Bereinigung des Berliner Straßenbildes«. Der preußische Ministerpräsident Hermann Göring übergab das Haus im November 1935 der Finanzverwaltung.

1937 zog die SA-Führung der Gruppe Berlin-Brandenburg ein. Im Foyer entstand eine Ehrenhalle für Horst Wessel, der von den Nationalsozialisten als »Märtyrer der Bewegung« heroisiert wurde. Auch der Bülowplatz und die dazugehörige U-Bahn-Station wurden nach ihm benannt, sogar der Bezirk Friedrichshain, in dem er gelebt hatte (»Horst-Wessel-Stadt«), ebenso das Krankenhaus am Volkspark Friedrichshain, in dem er gestorben war. Zu beiden Seiten der nach ihm umbenannten Volksbühne pflanzte man »Ehrenhaine« mit Linden, an der Ostseite wurde das Denkmal für getötete SA-Männer aufgestellt, westlich das Denkmal für die getöteten Polizisten Anlauf und Lenck.

Bemerkenswert ist, dass trotz der politischen Wende das von Poelzig geplante Ensemble am Bülowplatz teilweise im Stil der Neuen Sachlichkeit weitergebaut wurde. So entstanden 1935 in der Rosa-Luxemburg-Straße/Ecke Hirtenstraße zwei sich gegenüberstehende, identisch gestaltete sechsgeschossige Häuser mit abgerundeten Balkonen, deren Brüstung in einem horizontalen Muster an der Wand weitergeführt wird. Einziges Gestaltungselement der weiß verputzten Fassaden ist die Gruppierung der unterschiedlich großen Fenster.

Der ebenfalls von Poelzig geplante Bebauungsblock gegenüber dem »Babylon«-Kino (heute Rosa-Luxemburg-Straße 31-37) wurde erst 1936, im Todesjahr des Architekten, realisiert. Wie bei dessen früheren Bauten dominieren auch hier die mit waagerechten Bändern gefassten Fenster. Auf Balkone wurde verzichtet. Allenfalls das Steildach und der mit Ziegelsteinen verkleidete Sockel entsprechen den im Nationalsozialismus üblichen Gestaltungsvorgaben.

Auch bei der Sanierung des Scheunenviertels machte das Berliner Amt für Stadtplanung weiter wie zuvor. Dass die Altstädte der Metropolen erneuert werden müssten, darin waren sich damals linke wie rechte Planer einig – auch international. 1935 initiierte der Internationale Verband für Wohnungswesen einen weltweiten Vergleich von »Elendsviertelsanierungen«. Berlin beteiligte sich mit dem Projekt zur »Säuberung« des Baublocks hinter der Volksbühne zwischen Linienstraße und Torstraße. Die Planzeichnung von Obermagistratsbaurat Richard Ermisch zeigt oben den damaligen Zustand der historischen kleinteiligen Bebauung mit den schmalen Hinterhöfen und darunter die künftige Struktur: Alle alten Häuser werden ersetzt durch eine neue Blockrandbebauung ohne Sei-

Heimatstil mit Luftschutzräumen: Wohngebäude in der Linienstraße aus der NS-Zeit

ten- und Quergebäude, links und rechts des Theaters soll die Linienstraße auf der Südseite mit Wohnbauten neu gefasst werden.

1936 ist das neue Ensemble nach Ermischs Plänen vollendet. Die dreigeschossigen Häuserzeilen setzen sich deutlich ab von der horizontal betonten, großstädtischen Moderne Hans Poelzigs. Sie entsprechen dem von den Nationalsozialisten für den Wohnungsbau propagierten Heimatstil und sind mit Luftschutzräumen ausgestattet. Durch den Verzicht auf Geschäfte oder Lokale in der Erdgeschosszone erhält die Anlage einen vorstädtischen Charakter. Der Straßenraum der Linienstraße ist symmetrisch eingefasst von pavillonartigen Torhäusern, die entlang der Straßenfront auf gewölbten Arkaden ruhen. Vertikale Fensterachsen mit einem Bullauge als Abschluss betonen die Treppenhäuser. Die Wohngebäude mit stehenden Fenstern wurden aus der Bauflucht zurückgesetzt, wodurch die nördlichen Seitenflügel der Volksbühne als beherrschender Mittelpunkt zur Geltung kommen. Über dem Abschlussgesims folgt ein Attikageschoss mit halbkreisförmigen Fensteröffnungen, die auf die Dachgauben des Theaterbaus von Kaufmann Bezug nehmen.

Die Luftschutzräume sollten schneller benötigt werden, als sich die meisten Bürger damals vorstellen konnten. Gegen Ende des von Berlin ausgegangenen Weltkriegs wurden von den Alliierten seit Anfang 1943 über 300 Bombenangriffe auf die Stadt geflogen. Dadurch verlor Berlin rund ein Drittel seiner Gebäude. Es gab aber große Unterschiede zwischen den Bezirken. Die schwersten Verwüstungen mit bis zu 70 Prozent der Bausubstanz zogen sich von Schöneberg über das Tiergartenviertel und die südliche Friedrichstadt bis zum Areal östlich des Alexanderplatzes. Kaum getroffen wurden die Altbauquartiere in Steglitz, im östlichen Kreuzberg, in Friedrichshain und in Prenzlauer Berg.

Das Scheunenviertel kam vergleichsweise glimpflich davon. Auf den Schadenskarten erkennt man im Bereich zwischen Alexanderplatz und Rosenthaler Straße zusammenhängende Zerstörungen an der Münzstraße (Ecke Rosa-Luxemburg-Straße); auf dem gesamten Block, den heute der Schendelpark einnimmt, sowie westlich davon; an der Weinmeisterstraße/Ecke Gormannstraße; und östlich des Hackeschen Marktes. Kaum einer konnte erahnen, dass in den kommenden Jahrzehnten durch Abrisse noch einmal in etwa das gleiche Gebäudevolumen verloren gehen würde wie durch den Krieg.

IV. Kapitel: 1945 bis 1989

STALINISMUS, VERFALL UND PLATTENBAUTEN

Bereits kurz nach Ende des Zweiten Weltkriegs wurde das einstige Kaufhaus Jonass am Rand des Scheunenviertels zum neuen Machtzentrum in der sowjetischen Besatzungszone. Zunächst nutzte der Zentralausschuss der SPD das Gebäude; nach der Zwangsvereinigung von SPD und KPD zur Sozialistischen Einheitspartei Deutschlands (SED) diente das Haus als Sitz ihres Zentralkomitees und erhielt den Namen »Haus der Einheit«. Das Arbeitszimmer des damaligen SED-Vorsitzenden Wilhelm Pieck in der dritten Etage mit zahlreichen Regalen, Büchern und Utensilien ist als Gedenkzimmer bis heute erhalten.

Im Mai 1945, noch bevor die anderen drei Alliierten im Juli ihre Sektoren in der Stadt einnahmen, hatte die sowjetische Militäradministration einen Magistrat für Groß-Berlin eingesetzt. Leiter der Abteilung für Bau- und Wohnungswesen wurde Hans Scharoun (der spätere Architekt der Philharmonie am Kulturforum). In seinen Augen war die gesamte überlieferte Bausubstanz der Stadt – abgesehen von wenigen herausragenden Baudenkmälern – unzeitgemäß und hinfällig. »Wir bauen eine neue Gesellschaft«, schrieb Hans Scharoun, »aber diese Gesellschaft darf nicht in die Gehäuse der alten kriechen. Wir müssen ihr neue Gehäuse schaffen.« So dachten damals viele Stadtplaner – in Ost wie West. Scharoun und seine Mitarbeiter entwickelten den irrwitzigen »Kollektivplan« für Berlin: eine gänzlich neue, aufgelockerte und durchgrünte Bandstadt entlang des Berliner Urstromtals, strukturiert durch ein dichtes Gitternetz von Stadtautobahnen. In beiden sich bereits abzeichnenden Stadthälften entwickelten Planer auch behutsamere Konzepte für den Wiederaufbau, bei denen lediglich das überlieferte Straßensystem verbreitert oder ergänzt, im Wesentlichen aber erhalten bleiben sollte. Solche Ansätze waren aber in der Minderheit und wurden kaum weiterverfolgt.

Mit der Gründung der Bundesrepublik und der DDR im Jahr 1949 ging man beim Wiederaufbau in beiden Teilen der Stadt getrennte Wege. In Ost-Berlin wollten die neuen Machthaber im historischen Zentrum den Sieg des Sozialismus manifestieren, und die stilistischen Vorbilder dafür sollten aus der Sowjetunion kommen. Deshalb reisten die maßgeblichen Stadtplaner der DDR im Frühjahr 1950 in den Bruderstaat, um dort die neoklassizistische Architektur der Stalin-Zeit zu studieren. Was nicht erwünscht war, beschrieb SED-Generalsekretär Walter Ulbricht so: »Wir wollen in Berlin keine amerikanischen Kästen und keinen hitlerschen Kasernenstil mehr sehen.« Wie die Moskauer Vorbilder in die geforderte »Nationale Bautradition« übersetzt werden sollten, wurde exemplarisch am Vorzeigeprojekt Stalin-Allee mit ihren vom preußischen Klassizismus inspirierten Arbeiterpalästen demonstriert. Im Scheunenviertel lässt sich diese Architekturströmung der frühen DDR an drei Gebäuden ablesen: dem wiederaufgebauten Karl-Liebknecht-Haus, den Interieurs der Volksbühne und einem Schulneubau in der Weinmeisterstraße.

Auf Befehl des sowjetischen Militärkommandanten und mit Billigung des Alliierten Kontrollrats war das Karl-Liebknecht-Haus an die SED übergeben worden. Doch diese verzichtete

Die ehemalige KPD-Zentrale wurde 1948 für die SED aufgestockt und umgestaltet (vgl. S. 99)

nach der Vereinigung von KPD und SPD im Jahr 1946 auf die Wiederherstellung des Gebäudes als Parteizentrale. Der Architekt Hans Schlüter erhielt den Auftrag, das Haus als Büro- und Gästehaus der SED wieder aufzubauen. 1948 schlug er zunächst die Öffnung des Blockrands durch eine Zeilenbebauung vor. Doch im Zeichen der neuen Architekturpolitik wurde aus seinen verschiedenen Varianten schließlich eine konservative, neoklassizistische Lösung gewählt. Die einst quer gelagerten Fenster des Altbaus verkleinerte Schlüter, im Erdgeschoss ersetzte er sie durch stehende Formate. Das Gebäude wurde um eine weitere Etage aufgestockt, die er im Stil eines Mezzanin-Geschosses mit kleinen Fenstern gestaltete. Den Abschluss bildete ein Dach mit kräftigem Überstand.

1947 wurde der Platz vor der Volksbühne durch Oberbürgermeisterin Louise Schroeder (SPD) in Luxemburgplatz umbenannt (seit 1969 Rosa-Luxemburg-Platz). Zeitgleich schrieb man einen Wettbewerb zum Wiederaufbau des Theaters aus, an dem sich auch Hermann Henselmann beteiligte, später einer der prägenden Architekten in Ost-Berlin. In der Jury saßen u.a. Richard Ermisch und Hans Scharoun. Ausgewählt wurde der streng moderne Entwurf von Hans Fehling, Gustav Müller und Karl-Heinz Sobotka – die beiden Letzteren sollten später zu den führenden Baumeistern des neuen West-Berlin werden. Zunächst wurden die seitlichen Anbauten errichtet, die mit ihren horizontalen Fensterbändern eine klare, moderne Handschrift zeigen. Die historische Hauptfassade wurde versachlicht. Man entfernte die Figuren von Franz Metzner über den aufragenden Fenstern und am Fuße der Seitenrisalite (einige von ihnen sind im Lichthof unversehrt erhalten). An den Seitenrisaliten wurden die vertikalen Wandfelder durch Auffüllung beseitigt und anstelle der Kupferhaube und des Dachtambours Flachdächer errichtet. Diese Veränderungen lassen die Volksbühne seitdem noch wuchtiger und verschlossener wirken (s. S. 138/139).

Die Wiederherstellung der Innenräume in den Jahren 1952-54 erfolgte dann im neoklassizistischen Stil der »Nationalen Bautradition«. Nach Entwürfen von Hans Richter erhielt der Zuschauerraum – wie einst bei Oskar Kaufmann – intarsiengeschmückte Wandtäfelungen, die Foyers kleidete er mit kostbarem Marmor aus und dekorierte sie mit vergoldetem Stuck und festlichen Leuchten. Der gestalterische Aufwand spiegelte die Bedeutung, die dieser Theaterbau für das damalige Kulturleben erhalten sollte. Er ist ein herausragendes Dokument der repräsentativen Theaterarchitektur der frühen DDR.

*Prächtiger Neoklassizismus der Stalin-Zeit:
das große Foyer in der Volksbühne*

*Der repräsentative Haupteingang zur Franz-Mett-Oberschule
in der Weinmeisterstraße*

Eine vergleichbare Bedeutung für die Schularchitektur der Zeit hat die ehemalige Franz-Mett-Oberschule zwischen Weinmeisterstraße und Steinstraße. Vom weitgehend zerstörten alten Sophien- und Real-Gymnasium wurde nur das Direktoratsgebäude von 1865 unverändert übernommen (vgl. S. 36), der Rest der Anlage neu angeordnet. Interessant ist die Veränderung des Architekturstils innerhalb der drei Jahre, in denen die drei Bauabschnitte errichtet wurden. Der von der Steinstraße zurückgesetzte Nordflügel wurde 1950 unter Nutzung noch vorhandener Bauteile des Altbaus durch Rudolf Ullrich in Formen der sachlichen Moderne erbaut. Es folgte der Verbindungsbau in Nord-Süd-Richtung von Gerhard Eichler, dessen Moderne bereits traditionellere Formen zeigt. Für die städtebauliche Wirkung nach außen am wichtigsten ist Ilse Erlachs neoklassizistischer Gebäudeteil mit Haupteingang, Treppenhaus, Turnsaal und Aula, der, leicht zurückversetzt, der Weinmeisterstraße folgt, wo zehn Kolossalsäulen die Fenster von Turnhalle und Aula zusammenfassen. Die Front zur Grolmannstraße ist wie ein monumentales Tor gestaltet, beidseitig tragen doppelte Lisenen einen Fries mit Figurenrelief, der sich auf den Gesimsschmuck des Direktoratsgebäudes bezieht. Eingestellt ist eine filigrane Gliederung der drei Geschosse durch kannelierte Säulen mit leicht verjüngten Basen. Seit 2001 nutzt die Freie Waldorfschule Berlin-Mitte als freier Träger die Schulgebäude.

Gegen Ende der 50er Jahre ebbte die Phase des Neoklassizismus ab. Es war deutlich geworden, dass in diesem aufwändigen Stil die nötigen Bauvolumina nicht schnell genug erreicht werden konnten, und die Stalinzeit galt Jahre nach dem Tod des Diktators nicht mehr als vorbildlich. Jetzt wur-

den auch im Ostteil der Stadt schematische Gebäuderiegel im
»International Style« errichtet – exemplarisch zu sehen an der
Verlängerung der inzwischen Karl-Marx-Allee genannten Stra-
ßenachse bis zum Alexanderplatz. Der Ehrgeiz der Baupolitik
richtete sich vor allem auf den Massenwohnungsbau. In die
historischen Mietshäuser wurde nicht mehr investiert, sie ver-
fielen zunehmend oder wurden gleich blockweise auf die Ab-
rissliste gesetzt – eine Praxis, wie sie ähnlich auch im Westteil
der Stadt unter demokratischen Vorzeichen herrschte.

Das historische Zentrum, zum Abriss freigegeben

Das veranschaulicht der Hauptstadtwettbewerb des Jahres
1957, der von Bundesregierung und Berliner Senat ausgeschrieben wurde. Es war der letzte Versuch, Stadtplanung für
ganz Berlin zu denken – mit radikalen Vorgaben: Fast die gesamte erhaltene Bebauung der Innenstadt wurde zum Abriss
freigegeben, ausgenommen nur zwei Dutzend bedeutende
Baudenkmäler. Anstelle des historischen Straßenmusters hatten die Planer ein dichtes Netz von Autobahnen und Schnell-
straßen vorgegeben. Im Bereich des Scheunenviertels zeigen
die Vorgaben eine Stadtautobahn entlang der Torstraße, einen
Verteilerkreis am Hackeschen Markt und dazwischen mehr-
spurige Straßentrassen. Zwingend zu erhaltende historische
Gebäude werden für das Scheunenviertel nicht genannt.

Die gleiche Verachtung für die überlieferte Stadt sprach vier
Jahre später aus dem Bebauungsplan für das Ost-Berliner Zentrum vom Frühjahr 1961. Es war der erste und letzte auf höchs-

Die Vorgaben des Hauptstadt-Wettbewerbs 1957: Nur die schwarzen Gebäu-de sollten stehen bleiben; entlang der Torstraße verläuft eine Autobahn; Kreisverkehre am Hackeschen Markt und am Alexanderplatz (rot markiert: das Scheunenviertel mit Volksbühne)

ter politischer Ebene beschlossene Masterplan für die historische Innenstadt vor dem Mauerbau, und er zeigte erstaunliche Parallelen zu den Vorgaben des West-Berliner »Hauptstadtwettbewerbs«. Auch auf dem Plan des Ost-Berliner Stadtbauamtes erkennt man eine Stadtautobahn entlang der Torstraße und eine Schnellstraße vom Alexanderplatz nach Westen mit einem Verteilerkreis am Hackeschen Markt. Gebäudescheiben und Punkthochhäuser sollten die historische Bebauung ersetzen. Als erhaltenswert sind nur der »Babylon«-Block von Hans Poelzig sowie das Pendant auf der anderen Platzseite markiert.

Es begann die architektonisch deprimierendste Zeit in der Geschichte des Scheunenviertels. Einen ersten schmerzlichen Substanzverlust bedeutete die großflächige Neugestaltung des Alexanderplatzes in den 6oer Jahren. Durch dessen Ausdehnung nach Westen und den neuen Verlauf der aufgeweiteten Karl-Liebknecht-Straße verlor das Scheunenviertel seine östliche Flanke zwischen Bahnviadukt und Prenzlauer Tor. Dabei war in der Frühzeit der DDR noch vorgesehen, die ursprüngliche Trasse der ehemaligen Kaiser-Wilhelm-Straße (inzwischen Karl-Liebknecht-Straße) in ihrem östlichen Abschnitt zwischen Marienkirche und Volksbühne zu erhalten. So zeigen es verschiedene Wiederaufbaupläne der Jahre 1950 und 1951, darunter jene des ehemaligen Bauhaus-Architekten Richard Paulick, der sich damals mit dem Bereich an der Spreeinsel beschäftigte, wo das Herzstück des neuen, sozialistischen Berlin entstehen sollte.

Der Wettbewerb für den neuen Alexanderplatz im Jahr 1964 machte dagegen zur Vorgabe, dass die Karl-Liebknecht-Straße ab der Marienkirche in gerader Linie bis zur Prenzlauer Allee geführt wird. Auf der Grundlage des Siegerentwurfs der Archi

tekten vom Stadtbauamt entstand an der westlichen Straßen-
seite 1967 der langgezogene, achtgeschossige Gebäuderiegel
für die Verwaltung des VEB Bau- und Montage-Kombinats In-
genieurhochbau, daneben folgte 1970 der Komplex des Berliner Verlags mit einem 18-geschossigen Hochhaus und einem
Flachbau für Gastronomie. An der Ecke zur Münzstraße entstanden später äußerst schlicht gestaltete Wohnriegel mit
zehn bis dreizehn Geschossen, errichtet in Stahlbetonskelett-
bauweise mit vorgehängten Betonplatten aus Quarzsplitt. Die
Dimensionen all dieser Neubauten kollidierten hart mit jenen
der historischen Gebäude im östlichen Scheunenviertel. Bartelstraße und Kleine Alexanderstraße wurden zu Sackgassen,
in denen sich der verirrte Passant wie am Lieferanteneingang
des Alexanderplatzes fühlt.

1964 war eines der berühmtesten Häuser des Viertels abgerissen worden, ein zweigeschossiges Gebäude in der Mulackstraße
15, in dem sich in den 20er Jahren die sogenannte »Mulackritze«
befand, die Gaststätte »Sodtkes Restaurant«. Hier trafen Menschen aus der Halb- und Unterwelt auf Kulturgrößen wie Bertolt
Brecht, Marlene Dietrich, Gustaf Gründgens oder Claire Waldoff.
In den Räumen des Obergeschosses befand sich ein Bordell. Das
Lokal war schon 1951 geschlossen worden. Kurz vor dem Abriss
des Hauses konnte der damals 35-jährige Transvestit Charlotte
von Mahlsdorf (Lothar Berfelde) die Originaleinrichtung des
Restaurants retten, er baute sie im Keller seines Gründerzeit-
Museums in Berlin-Mahlsdorf wieder auf, wo sie bis heute zu
sehen ist.

In den 60er Jahren wurde – wie im Westteil Berlins auch – an
vielen Altbauten im Scheunenviertel der noch erhaltene Fassadenschmuck abgeschlagen und durch einen einheitlichen

Plattenbau der ersten Generation in der Max-Beer-Straße am Schendelpark

Kratzputz ersetzt. Die 70er und 80er Jahre waren dann ausschließlich geprägt von Kriegsbrachen, zunehmendem Verfall der historischen Substanz und Abrissen, später auch durch die Errichtung von Wohnungen in Plattenbauweise. Rund drei Jahrzehnte lang entstanden dort keinerlei Gebäude von Belang. Die detailliertesten Architekturführer erwähnen aus dieser Zeit nur den Neubau für die Wohnungsbaugesellschaft Berlin-Mitte (vgl. S. 123).

Zwei Generationen von Plattenbauten

Die Plattenbauweise war keine Erfindung der DDR. Schon 1926 hat man unter der Ägide von Stadtbaurat Martin Wagner in Berlin-Lichtenberg die erste deutsche Plattenbausiedlung errichtet. Später wurde diese Architektur nicht nur in der DDR weiterentwickelt, sondern in ganz Europa, auch in der Bundesrepublik. Allerdings waren die Gebäude im Westteil des Landes in der Regel etwas abwechslungsreicher und solider gebaut, als dies unter den Bedingungen der Mangelwirtschaft im Osten möglich war. Mit dem 1973 vom Zentralkomitee der SED beschlossenen Wohnungsbauprogramm sollte der Wohnraummangel bis 1990 behoben sein.

Ab Mitte der 80er Jahre errichteten Wohnungsbaukombinate (WBK) aus verschiedenen DDR-Bezirken erste Plattenbauten im Scheunenviertel. In der Max-Beer-Straße 48 am Schendelpark und in der Almstadtstraße 55 haben sich Gebäude der Wohnungsbauserie (WBS) 70 kaum verändert erhalten. Charakteristisch sind die Waschbeton-Oberflächen der einzeln erkennbaren Fassadenelemente, der Flachdachabschluss sowie

*Die Plattenbauten der zweiten Generation fügen sich besser
in das Stadtbild ein: das »Ensemble Schönhauser Eck« von 1985*

die für das Viertel untypischen großen Balkone. Es gibt keine öffentliche Nutzung der Erdgeschosszone.

Die Plattenbauten der WBS 70 gingen zurück auf eine Studie der Architekten Wilfried Stallknecht und Achim Fels aus dem Jahr 1969. Aus deren Erkenntnissen entwickelten die Bauakademie der DDR und das Wohnungsbaukombinat in Neubrandenburg die bautechnischen Grundlagen. Dort wurde ein erster Experimentalbau realisiert, bevor die WBS 70 in das Produktionsprogramm der DDR-Bezirke übernommen wurde. Etwa die Hälfte aller Wohnungen, die in der DDR als Plattenbauten entstanden, sind aus der WBS 70.

Insgesamt errichteten WBK aus Erfurt und Gera in der Spandauer Vorstadt an 15 Standorten rund 800 Neubauwohnungen in vorwiegend sechs- bis siebengeschossiger Bebauung, u.a. an der Alten und Neuen Schönhauser Straße, der Münzstraße und der Linienstraße. Eine 250 Meter lange Blockrandschließung an der Westseite der Rosenthaler Straße mit Elementen der Wohnbaureihe 85 stammte vom WBK Schwerin.

Über die Jahre wurden die innerstädtischen Plattenbauten variantenreicher und besser in die Umgebung eingefügt. Das lässt sich exemplarisch am Übergang von der Münzstraße zur Weinmeisterstraße zeigen, dem »Ensemble Schönhauser Eck«, das der VEB Hochbau Nordhausen 1985-87 errichtete, überwiegend unter Verwendung der Wohnbaureihe 85. Obwohl auch an diesen drei Eckgebäuden die Fertigteilbauweise zu erkennen ist, fügen sie sich vergleichsweise gut ein. Die Erdgeschosszonen sind farblich abgesetzt, die Fassaden durch Erker gegliedert, und den Abschluss bildet ein traditionelles Schrägdach. Die spitz zulaufende Ecke zwischen Neuer Schönhauser Straße und Weinmeisterstraße wurde durch eine Giebelfront besonders inszeniert.

Inspiriert von den 1920er Jahren: Sitz der Wohnungsbaugesellschaft Mitte in der Dircksenstraße von 1987

Einer der wenigen anspruchsvolleren Neubauten der 80er Jahre im Ost-Berliner Zentrum ist das Verwaltungsgebäude der Wohnungsbaugesellschaft Berlin-Mitte (WBM) in der Dircksenstraße 38 aus dem Jahr 1987. Dort wurden die damals 50 000 kommunalen Wohnungen im gesamten Stadtbezirk Mitte verwaltet sowie Reparaturdienst, Fuhrpark, Lager und soziale Dienste untergebracht. Der horizontal betonte Entwurf der Architekten Jochen Jentsch, Klaus Bendler und Bernhard Brabetz ist sichtlich inspiriert vom neusachlichen Grenander-

Haus des Jahres 1930 einen Block weiter (vgl. S. 97). Beim WBM-Haus wurden aber die Gebäudeecken im Stil der 20er Jahre abgerundet. Mit seinen sechs Geschossen an der Dircksenstraße nimmt es die traditionelle Traufhöhe auf, an der Rochstraße wurden eine weitere Etage und ein zurückgesetztes Staffelgeschoss hinzugefügt. Statt aus Ziegelstein und Muschelkalk wie bei Grenander bestehen die Brüstungsbänder hier aus Betonfertigteilen mit vertikal angeordneten, dunkelbraunen Keramikriemchen. Die Übergänge der vorgefertigten Bauteile sind deutlich sichtbar.

Schon in den Jahren vor dem Mauerfall regten sich im Scheunenviertel erste Proteste gegen den Verfall der historischen Bausubstanz und die Lückenschließungen durch Plattenbauten. Seit Anfang der 80er Jahre hatten sich hier besonders jüngere Familien Wohnungen ausgebaut – für viele die einzige Möglichkeit, sich ein Dach über dem Kopf zu schaffen. Aber die Instandsetzung von Dächern konnte von Einzelpersonen nicht geleistet werden. So fraß sich der Verfall vom Dach immer weiter in die unteren Geschosse. Bürger des Quartiers versuchten über Eingaben an den Magistrat von Berlin eine Beteiligung bei der Planung zu erreichen und den kleinteiligen Charakter des Scheunenviertels zu erhalten. Aber »das höchste der Gefühle«, wie der Architekt und damalige Anwohner Jan Bauditz später schrieb, sei die Zusicherung gewesen, »dass man darauf im Rahmen der gegebenen Umstände Rücksicht nehmen wolle«. Vorrang habe die Lösung der Wohnungsfrage. So ging es weiter bis zum Mauerfall.

Für das Scheunenviertel bedeutete die politische Wende des Jahres 1989 die Rettung. Ohne sie wäre noch viel historische Bausubstanz verloren gegangen, und es hätte die wundersame Auferstehung des Quartiers nie gegeben.

*Zu DDR-Zeiten wurden die meisten historischen Häuser
des Scheunenviertels dem Verfall preisgegeben*

V. Kapitel: 1989 bis heute

RETTUNG UND NEUBEGINN

Mit dem Fall der Mauer am 9. November 1989 begann für Berlin eine Gründerzeit, deren Dynamik man allenfalls mit jener zu Beginn des Deutschen Reiches 1871 vergleichen kann. Nach Jahrzehnten der Teilung und einer getrennten Stadtplanung konnte die Metropole wieder als ein Ganzes gedacht werden. In bester innerstädtischer Lage gab es hier noch Freiflächen in einem Ausmaß wie in keiner anderen europäischen Großstadt – nicht zuletzt durch den nun obsolet gewordenen Mauerstreifen. Für Stadtplaner, Architekten und Investoren kündigten sich ungeahnte Möglichkeiten an. Mit der Wiedervereinigung Deutschlands am 3. Oktober 1990 erhielt die Stadt wieder eine gemeinsame Landesregierung und Verwaltung. Und das Votum des Deutschen Bundestags vom 20. Juni 1991, Berlin wieder zum Sitz von Parlament und Regierung zu machen, erhöhte zusätzlich den Entwicklungsdruck auf die nun 3,4 Millionen Einwohner zählende Metropole.

In der Nachwendezeit kursierten die unterschiedlichsten städtebaulichen und architektonischen Visionen, wie die Gestalt Berlins künftig aussehen solle, die Bandbreite der Optionen und Ideen war so groß wie nie zuvor in der Geschichte der Stadt. Sollte man sich an den historischen Strukturen orientieren oder etwas ganz Neues wagen? Diese Frage führte zu heftigen Auseinandersetzungen, zu Machtkämpfen und hitzigen Architekturdebatten.

Andererseits fing die Stadt nicht bei null an. Es gab auf beiden Seiten der einstigen Grenze erfahrene Bauverwaltungen, und in West- wie Ost-Berlin hatte man sich in den 1980er Jahren in ähnlicher Weise auf die Suche begeben nach einer Architektur, die wieder an historische Vorbilder anknüpft, man hatte sich ausgetauscht und Kontakte gepflegt. Aus diesem Personenkreis entstand schon einen Monat nach dem Fall der Mauer ein informelles Forum von Planern und Architekten aus beiden Teilen der Stadt, die im Frühjahr 1990 eine »Charta für die Mitte von Berlin« vorlegten. Darin wurden erstmals Grundsätze formuliert und Kernbegriffe geprägt, die maßgebend werden sollten für die Baupolitik der vereinten Stadt. Berlin dürfe »kein Experimentierfeld für utopischen Städtebau« werden, hieß es darin, »es geht um Stadtidentität und den Umgang mit dem, was da ist, um kritische Rekonstruktion einzelner Quartiere durch neue Architektur« innerhalb von »Fluchtlinien, Höhenlimits und Parzellierung«. Diese Grundsätze entsprachen den Überzeugungen des 1991 berufenen Senatsbaudirektors Hans Stimmann (SPD), der eine Schlüsselrolle im Bauboom der Nachwendejahre spielte.

Das Scheunenviertel lag, wie schon oft in seiner Geschichte, abseits der wichtigsten Entwicklungsgebiete. So konnten die dortigen Anwohner und Planer jene Auseinandersetzung um Sanierung, Abriss und Neubau fortsetzen, die sie in der Endphase der DDR begonnen hatten – mit dem entscheidenden Unterschied, dass die politische Wende mehr Engagement und Transparenz erlaubte als zuvor und dass nunmehr ausreichend Geld von öffentlicher Hand und privaten Investoren bereitstand, um die noch erhaltene historische Bausubstanz zu retten und denkmalgerecht zu sanieren.

Das zeigte sich exemplarisch im Ringen um den Erhalt des

»Was der Krieg verschonte, überlebt im Sozialismus nicht«:
das Haus Mulackstraße 37 nach dem Fall der Mauer

Dasselbe Haus nach der aufwändigen Renovierung. Die Neubauten
zu beiden Seiten sind von schlichterem Zuschnitt

Hauses in der Mulackstraße 37, bei dem schon die Löcher für die Sprengung gebohrt waren. Am 16. November 1989, eine Woche nach dem Mauerfall, fand in der damaligen Franz-Mett-Oberschule in der Weinmeisterstraße ein zuvor undenkbares Planungsgespräch statt, nämlich in Form einer öffentlichen Sitzung mit Vertretern von Stadtbezirk und Magistrat, bei der erstmals die »Bürgerinitiative Spandauer Vorstadt« auftrat. Am Ende konnte der Abriss des Hauses abgewendet werden – ein Durchbruch, der den Beginn der erfolgreichen Sanierungsgeschichte des Scheunenviertels markiert.

Im Wissen um die Einzigartigkeit dieses bedrohten Quartiers für die gesamte Stadt hatte der West-Berliner Senat auf Initiative des damaligen Bausenators Wolfgang Nagel (SPD) schon im Februar 1990, acht Monate vor der Wiedervereinigung, 25 Millionen D-Mark für dringend notwendige, substanzerhaltende Maßnahmen zur Verfügung gestellt. Mit Unterstützung von erfahrenen Sanierungsträgern aus dem West-Berliner Bezirk Kreuzberg konnten damit u.a. zahlreiche Häuser in Eigeninitiative der Bewohner winterfest gemacht werden. Für die Einfuhr der teils gespendeten Baustoffe musste man damals noch eine Genehmigung beim DDR-Zoll einholen.

Als segensreich sollte sich erweisen, dass 1990, noch zu DDR-Zeiten, die gesamte Spandauer Vorstadt vom Bezirksamt als größtes zusammenhängendes Flächendenkmal Berlins eingetragen wurde. Ähnlich bedeutsam war das 1991 vom Bundesbauministerium in Zusammenarbeit mit den Ländern aufgelegte Förderprogramm »Städtebaulicher Denkmalschutz zur Sicherung und Erhaltung historischer Stadtkerne«, mit dessen Hilfe viele in ihrer Substanz gefährdete Altstädte in Ostdeutschland gerettet werden sollten. In Berlin wurde die Spandauer Vorstadt eines von vier geförderten Gebieten, Schwerpunkte waren hier u.a. die Neue Schönhauser Straße und der »Babylon«-Block an der Volksbühne von Hans Poelzig. In den Folgejahren inventarisierte man in der Spandauer Vorstadt insgesamt 108 Einzeldenkmäler und verabschiedete schließlich eine Erhaltungssatzung. Im September 1993 wurde das Viertel als Sanierungsgebiet ausgewiesen.

Der Einigungsvertrag hatte für Immobilien, die von der DDR enteignet worden waren, das Prinzip »Rückgabe vor Entschädigung« festgelegt. Das setzte eine Welle von Restitutionsverfahren in Gang, die über Jahre abgearbeitet werden mussten. 96 Prozent der Grundstücke und Häuser in der Spandauer Vorstadt waren davon betroffen. So erhielt das Viertel eine neue Eigentümerstruktur mit Privatleuten vor allem aus der Bundesrepublik, aber auch aus dem Ausland, darunter viele Nachkommen jüdischer Bewohner. Die wenigsten machten selbst etwas aus dem Besitz, meistens entschieden sich die Eigentümer für einen Verkauf.

Diese Folgen der Wiedervereinigung und die zuvor genannten baupolitischen Maßnahmen setzten ungekannte Kräfte frei und enorme Investitionssummen in Bewegung. Im Jahr 2000 waren bereits 56 Prozent der erneuerungsbedürftigen Gebäude saniert. Für die Spandauer Vorstadt listete die Bauverwaltung bis 2002 insgesamt 157 Objekte auf mit einem Fördervolumen von 235 Millionen D-Mark – bei einem Bauvolumen von 366 Millionen D-Mark.

Die Renaissance der Hackeschen Höfe

Eine Schlüsselrolle bei der Wiedergeburt des Viertels spielten die Hackeschen Höfe. 1991 wurde die »Gesellschaft Hackesche Höfe e. V.« gegründet, ein Verein, der wesentliche Vorarbeit leistete für die behutsame Erneuerung des Ensembles. Ein Nutzungskonzept wurde erstellt, auf dessen Grundlage wieder die ursprüngliche Mischung aus Wohnen, Gewerbe und Kultur einziehen sollte. Die Erbengemeinschaft des einstigen Eigentümers Jacob Michael verkaufte das Grundstück 1994 an ein Konsortium unter der Leitung der Roland-Ernst-Gruppe, die das Konzept übernahm. Im Gegensatz zu vielen anderen Sanierungsprojekten in Berlin strebte der neue Eigentümer bei diesem nicht primär die Umwandlung in gewinnbringende Büroräume an, sondern ließ auch Raum für kulturelle Nutzungen.

Während der dreijährigen Instandsetzung wurden rund 100 Millionen D-Mark investiert. Die Fassade zum Hackeschen Markt erhielt eine neue Gestaltung unter Verwendung von Originalsubstanz, sie zeigt sich heute als Synthese aus historischem Zustand und freier Umsetzung. Die kleine Pfeilerfassade zur Sophienstraße hin entspricht dagegen im Wesentlichen noch dem Original. Das Finanzierungskonzept ermöglichte durch verhältnismäßig niedrige Mieten auch kleineren Läden und Betrieben, sich dort anzusiedeln. So entstand eine Mischung aus rund einem Drittel Wohnen, einem Viertel Büros, einem Viertel Gastronomie, Einzelhandel und Werkstätten sowie einem Sechstel Kultur.

Die rasch einsetzende Popularität der Hackeschen Höfe beschleunigte die Wiederentdeckung der gesamten Span-

*Vom einst üppigen Fassadenschmuck der Hackeschen Höfe
war beim Mauerfall nichts mehr übrig*

*Die Schaufassade nach der umfassenden Sanierung.
Sie entspricht nur entfernt dem Urzustand*

dauer Vorstadt einschließlich des Scheunenviertels durch ein breites Publikum. Und in der Immobilienbranche schmückte das Marketing seitdem viele Projekte mit dem Begriff »Höfe«, selbst wenn von einer vergleichbaren Baustruktur oder Mischung wie bei dem historischen Vorbild nicht die Rede sein konnte.

Gegenüber den Hackeschen Höfen wurde 1997 das größte Neubauprojekt des Viertels begonnen, das anfangs mit einigem Recht als deren Fortführung gelten durfte. Es entstand auf einem seit dem Zweiten Weltkrieg leeren Grundstück zwischen den Hackeschen Höfen und dem Stadtbahnviadukt, wodurch der Hackesche Markt an der Nordostseite wieder eine Fassung erhalten würde. Die drei Innenhöfe sollten öffentlich zugänglich sein, entsprechend war deshalb der Name »Neue Hackesche Höfe« vorgesehen. Doch nach der Drohung der Unternehmensgruppe Roland Ernst, Eigner der Hackeschen Höfe, rechtlich dagegen vorzugehen, hieß das Neubauprojekt fortan »Neuer Hackescher Markt« – was sich auch deshalb als passender erwies, weil die Idee der öffentlich zugänglichen Innenhöfe später fallen gelassen wurde.

Vorangegangen war die Sichtung von 34 Investoren, die Interesse bekundeten, das ausgedehnte Grundstück zu bebauen. Der Senat entschied sich für die Wohnungsbaugesellschaft Berlin-Mitte (WBM), die dort vor der Wende noch Plattenbauten hatte errichten wollen. Der anfangs geplante subventionierte Wohnungsbau kam nicht zustande, stattdessen wurde von der WBM und einem privaten Bauträger ein Ensemble geplant, das zur Hälfte Büros und Gewerbe enthalten sollte und zur Hälfte freifinanzierte Wohnungen.

Der Masterplan stammte von den Architekten Götz Bell-

*Das größte Neubauprojekt des Viertels: 1997 entstand das Ensemble
»Neuer Hackescher Markt« mit zwölf Häusern*

mann und Walter Böhm, die beide in Weimar studiert und in
Ost-Berlin gearbeitet hatten und 1991 die Berliner Kontaktar-
chitekten des bekannten italienischen Baumeisters Aldo Rossi
wurden. Mit ihm errichteten sie ab 1994 in der Schützenstraße
unweit des Gendarmenmarktes auf einem kompletten Bau-
block ein kleinteiliges Ensemble mit Hinterhöfen.

Die dort praktizierte Orientierung an Stadtgrundriss und
Blockstruktur der Vorkriegszeit bestimmte auch den Entwurf
des »Neuen Hackeschen Marktes«. Das Ensemble aus zwölf
einzelnen Häusern, die von Bellmann & Böhm sowie weiteren
Architekten entworfen wurden, folgt der zweimal abgerunde-

ten Straßenkante von der Rosenthaler Straße bis in die Dirck-senstraße hinein und bildet rückwärtig drei Innenhöfe, die jeweils fast doppelt so groß sind wie jene in den historischen Hackeschen Höfen. Die teils in kräftigen Farben gehaltenen Fassaden mit ausgeprägten Dachabschlüssen aus Zinkblech sind überwiegend traditionell gestaltet und in Naturstein oder Putz ausgeführt. Individuelle Details oder historische Zitate setzen besondere Akzente. So entwickelt jedes Haus ein eigenes Gesicht, bildet aber mit den Nachbargebäuden erkennbar eine gestalterische Einheit.

Wenige Jahre später bauten Bellmann & Böhm im Scheunenviertel für die WBM ein fünfgeschossiges Gebäude in der Alten Schönhauser Straße/Ecke Steinstraße. Dessen Fassaden sind noch sorgfältiger gefügt als jene des »Neuen Hackeschen Marktes« und wirken daher noch geschlossener. Der Sockel und der über die Traufe hinausragende Eckturm sind mit Klinkern verkleidet, die Fassaden weiß verputzt.

1999 konnte die zweijährige Sanierung des »Babylon«-Kinos begonnen werden. Im Sinne einer kritischen Rekonstruktion war das Ziel des Umbaus der Innenräume nicht, durchgehend den Ursprungszustand von 1929 wiederherzustellen, sondern die verschiedenen Schichten der Nutzungsepochen zu zeigen. Im Foyer sieht man wieder die nach Befund rekonstruierte sachliche Gestaltung und kräftige Farbgebung von Hans Poelzig, während der Saal in der Art des Umbaus von 1948 renoviert wurde: mit Plüschsesseln, Stuck und vergoldeten Details. Zur Verbesserung der Raumakustik wurden die Kanneluren der Wände teilweise durch eine mit Stoff bespannte Vorsatzschale überdeckt, die außerdem die Tontechnik und eine zusätzliche indirekte Beleuchtung aufnimmt. Wesentliche

Sanierungsmaßnahmen waren am Dach und der Decke des großen Saals notwendig. Dabei wurden die nicht mehr tragfähigen Holzbalken in der Decke durch Stahlträger ersetzt und darauf ein neues Dach errichtet. Die Fassade hat man ebenfalls erneuert. Auch die damals 70 Jahre alte Philipps-Kinoorgel wurde restauriert. Sie ist die einzige Kinoorgel in Deutschland, die noch am Originalstandort betrieben wird. 2001 wurde die Wiedereröffnung des »Babylon« mit dem Film *Othello* von Orson Welles gefeiert.

In den folgenden Jahren erfuhr auch der angrenzende Rosa-Luxemburg-Platz eine Überarbeitung. Dabei hat man die einst symmetrische Gestalt der Anlage wieder herausgearbeitet und die drei Freiflächen den jeweiligen Anforderungen entsprechend gestaltet: den Theatervorplatz repräsentativ mit freier Sichtachse von der Rosa-Luxemburg-Straße über die Grünfläche zur Freien Volksbühne; den östlichen Bereich als ruhigere Grünfläche für Anwohner mit Spielplatz; die westliche Freifläche als Treffpunkt für eine größere Öffentlichkeit. Maßnahmen zur Verkehrsberuhigung sollten die Aufenthaltsqualität weiter verbessern. Einen künstlerischen Akzent setzen die »Denkzeichen für Rosa Luxemburg« von Hans Haake. Seine Bodeninstallation war Ergebnis eines zweistufigen, eingeladenen Kunstwettbewerbs. Sie besteht aus mehr als 70 Zitaten und Fragmenten aus Rosa Luxemburgs Schriften, die mit Messingbuchstaben in Betonstreifen eingelassen und frei über den Platz verteilt in die Gehwege und Fahrbahnen eingesetzt wurden.

Die Wohnungsbaugesellschaft Berlin-Mitte (WBM) modernisierte über die Jahre die meisten Gebäude in ihrem Bestand. 2019 verfügte sie im Scheunenviertel noch über rund 700 Wohn-

Die Volksbühne bildet den Fluchtpunkt der Rosa-Luxemburg-Straße. Die Häuser aus den 1920er Jahren sind nach der Wende renoviert worden.

Auch die Plattenbauten aus DDR-Zeiten wurden nach dem Fall der Mauer saniert. Oft sind die ursprünglichen Fugen zwischen den Fertigteilen nicht mehr erkennbar

einheiten, nicht ausschließlich, aber doch überwiegend in Plattenbauten. Deren Fassadenbild wurde zum Teil verändert und verbessert. Oft sind die einst deutlich sichtbaren Fugen zwischen den Betonelementen nicht mehr zu erkennen. Bei den drei Eckhäusern des »Ensembles Schönhauser Eck« (s. S. 120/121) am Übergang von der Münzstraße zur Weinmeisterstraße wurde die Anmutung der Plattenbau-Fassaden beibehalten, jedoch hat man in den Erdgeschossen die Fenster und Türen für die Ladengeschäfte vergrößert. An einen Abriss der Fertigteil-Gebäude aus DDR-Zeiten im Scheunenviertel sei nie gedacht worden, heißt es bei der WBM – »wegen der guten Bausubstanz und der stets sehr guten Vermietung«.

Neue architektonische Akzente

Seit der Jahrtausendwende zeigen die Neubauten im Scheunenviertel eine größere Vielfalt, was die Gestaltung der Fassaden und die Wahl der Materialien betrifft. Einen Eindruck von der stilistischen Bandbreite vermitteln exemplarisch zwei benachbarte Neubauten in der Auguststraße am Garnisonfriedhof. Das vom Büro REM+tec entworfene Hotel »Amano« ist zwar erkennbar ein modernes Gebäude, orientiert sich aber in seiner Architektursprache und im Material an historischen Gebäuden. Die beigen Fassaden mit stehenden Fenstern sind im Sockelbereich mit Muschelkalkstein verkleidet und darüber durch Wandfelder und Profile in Putz gegliedert. Turmartig ragt die Gebäudeecke zur Rosenthaler Straße über die Traufe hinaus und setzt so einen besonderen Akzent. Dagegen wollten sich die Architekten Bartels + Schmidt-Ott mit ihrem vollständig verglasten Wohn- und Geschäftshaus Rosenthaler Straße 63-64 bewusst von der umliegenden Bebauung abheben. Dünne Rundstützen aus Sichtbeton im Erdgeschoss sollen optisch die Obergeschosse tragen. Fassadenelemente aus hellem Metall verleihen dem Gebäude eine technisch-kalte Ausstrahlung.

Welche Wirkung eine solche avantgardistische Architektur auf einem längeren Straßenabschnitt entfaltet, ist in der Wein-

*Kleine Rosenthaler Straße: Die Fassade des Hotels Amano (Mitte)
orientiert sich am angrenzenden Altbau*

*Kühle Avantgarde: Metallpaneele dominieren die Fassaden
der neuen Hotelgebäude in der Weinmeisterstraße*

meisterstraße zu sehen, wo zwei große Hotelbauten von einem zunehmenden internationalen Touristenstrom auch im Scheunenviertel künden. Das siebengeschossige »The Weinmeister« von Bollinger + Fehlig gibt sich verschlossen mit seiner Fassade aus etagenhohen, schmalen Metallpaneelen in Olivbraun, deren feines Geflecht sich dem Betrachter nur aus der Nähe erschließt. Wie Schießscharten erscheinen die unregelmäßig über die Fassade verteilten Fensteröffnungen. Durch das komplett verglaste Erdgeschoss wirken die Obergeschosse, als hingen sie in der Luft – ein Haus ohne Unterleib. Ebenfalls auf sieben Geschosse bringt es das benachbarte Hotel »Casa Camper« von Jordi Tio und Fernando Armat. Auch hier sind über einem verglasten Erdgeschoss alle oberen Etagen in identischer Weise gegliedert – durch ein rechtwinkliges Muster von elefantengrauen, glatten Metallelementen. Die Fassade an der Rosenthaler Straße zeigt sich zur Hälfte fensterlos. Betrachtet man beide Hotelbauten in der Weinmeisterstraße zusammen mit dem gläsernen Bürogebäude der Softwarefirma SAP auf der anderen Seite der Rosenthaler Straße, ist nirgendwo eine Anknüpfung an den architektonischen Charakter des Scheunenviertels zu erkennen.

Deutlich besser gelang dies im östlichen Teil der Linienstraße, wo zwischen Gormannstraße und Alter Schönhauser Straße seit DDR-Zeiten fast die komplette Südseite unbebaut war. Dort entstand eine zusammenhängende Reihe von acht neuen Wohnhäusern (Hausnummern 214 bis 222), die den Straßenzug mit großer Selbstverständlichkeit komplettieren und sowohl untereinander harmonieren als auch mit der weitgehend historischen Bebauung auf der Nordseite. Dabei stammen die Entwürfe u.a. von so unterschiedlichen Architekten wie Gewers-Pudewill, Christoph Langhof oder Arno Bonanni. Hervorzuheben ist das Haus mit dem Namen »Prado« von Klaus Neumann, das mit elegantem Schwung die Ecke zur Rückerstraße besetzt. Die Fassade aus beigem Muschelkalk hält eine feine Balance zwischen horizontalen Gesimsbändern und stehenden französischen Fenstern. Ockerfarbene Fensterläden in den Laibungen fügen eine heitere Note hinzu. Der mehrfach abgetreppte Übergang zum dreigeschossigen historischen Nachbarhaus in der Rückerstraße zeigt eine Sensibilität, wie sie einer solchen stillen Gasse angemessen ist.

Gleich um die Ecke, in der Alten Schönhauser Straße 5, steht ein bemerkenswertes Beispiel für eine zeitgenössische, aber doch traditionsorientierte Ziegelfassade. Tchoban Voss Architekten bebauten dort ein Grundstück neu, das nach hinten bis zur Rückerstraße reicht. Beide Straßenfassaden sind mit

In der östlichen Linienstraße entstand eine ganze Reihe von Neubauten,
hier das »Prado« an der Ecke Rückerstraße

Egernsunder Klinker in Nuancen von Beige verkleidet. Die fünfgeschossige Gebäudefront an der Alten Schönhauser Straße zeigt ein klares Raster aus stehenden Fenstern, die in jedem Geschoss leicht variiert werden. Die im ersten Obergeschoss noch deutlich ausgebildeten Bögen flachen mit jedem nächsthöheren Geschoss ab, bis die Fenster der obersten Etage und des Staffelgeschosses zu Rechtecken werden. Die Schaufenster im Erdgeschoss zeigen sich mit einer Breite von jeweils drei Achsen großzügiger bemessen. Alle Fenster sind mit Einfas-

*Moderner Traditionalismus: das Haus Alte Schönhauser Straße 5
mit französischen Fenstern und feiner Ziegelfassade*

sungen aus Ziegeln plastisch gerahmt, die weiß geschlämmt wurden, dazu bilden die Harfengeländer in Anthrazit einen reizvollen Kontrast. Anstelle von weiteren Seitenflügeln entstanden im begrünten Innenhof vier Townhouses.

Ein außergewöhnliches Mehrfamilienhaus errichteten BCO Architekten hinter der Volksbühne in der Linienstraße 23. Es handelt sich um ein sogenanntes Passivhaus, also ein Gebäude, das keine klassische Heizung benötigt, weil allein Sonneneinstrahlung und die Körper der Bewohner es erwärmen. Erreicht wird dies durch eine besonders gute Dämmung, einen Wärmetauscher – und die kleine Einschränkung, dass man die Fenster nicht öffnen kann. Die Architektur hebt sich deutlich ab von der einheitlichen Wohnbebauung aus den 1930er Jahren in diesem Abschnitt der Linienstraße. Kleine Fenster und fast geschosshohe, breite Fensterkästen sind unregelmäßig über die Fassade verteilt. Die gesamte Hülle ist in Steingrau gehalten: Putz, Türen und Fenster, Rollos, Hausnummer, Klingeltableau und Gartentreppe. Damit wollten die Architekten den Eindruck der dicht geschlossenen Gebäudehülle verstärken.

Obwohl hier laut Bauordnung nur eine dreigeschossige Bauweise erlaubt war, gelang es den Architekten durch einen Trick, noch ein viertes Geschoss für eine Galerie unterzubringen. Da in Berlin ein Geschoss nur dann als Vollgeschoss gilt, wenn es mit seiner Decke mehr als 1,40 Meter über die Oberkante des Geländes hinausragt, versenkten sie den fast fünf Meter hohen Raum für die Galerienutzung so in der Erde, dass er genau 1,38 Meter über dem Bürgersteig endet. Durch schmale Lichtbänder auf der Straßen- und der Hofseite fällt von zwei Seiten das für Kunstwerke günstige Oberlicht ein.

Hinter der Volksbühne in der Linienstraße entstand
ein Passivhaus mit Galerie im Kellergeschoss

Etwa zur gleichen Zeit entstand in der Nachbarschaft das Haus »L40« von Roger Bundschuh in der Linienstraße 40. Auf dem kleinen dreieckigen Grundstück in prominenter Lage an der Rosa-Luxemburg-Straße inszenierte Bundschuh das Gebäude wie eine architektonische Skulptur. Mit den tief eingeschnittenen, teils fensterlosen Fassaden aus anthrazitfarbenem Sichtbeton dominiert der Bau das gesamte Umfeld. Anstelle der klassischen Trennung zwischen Schaufassade und privatem Hinterhof wollte Bundschuh ein Haus »ohne

*Für das kleine Grundstück Linienstraße 40 entwarf Architekt
Roger Bundschuh ein Haus wie eine Skulptur*

Rückseiten« schaffen, deshalb der breite Einschnitt vom fünften bis zum siebten Geschoss, der zugleich den gemeinsamen Innenhof mit den benachbarten Gebäuden nach Osten öffnet.

Eine ähnlich offene städtebauliche Form wählte Bundschuh bci seinem Entwurf für den neuen Sitz des Suhrkamp Verlags auf der gegenüberliegenden Seite der Rosa-Luxemburg-Straße. Auch dort wurden die drei Seiten des Blockrands nicht in klassischer Weise geschlossen. Nur an der Nordseite zur Torstraße hin folgt der siebengeschossige Baukörper durchgehend der Stra-

Großzügige Fenster: der Neubau des Suhrkamp Verlags zwischen Linienstraße und Torstraße (vgl. S. 90)

ßenflucht, nach Süden blieb ein Teil des Grundstücks unbebaut, damit dort ein kleiner, begrünter Platz entsteht, für den einer der älteren Bäume auf dem lange brachliegenden Grundstück erhalten werden konnte. Den Übergang zur Nachbarbebauung aus der Zwischenkriegszeit bilden zwei unterschiedlich hohe Baukörper mit Wohnungen. So ermöglicht Bundschuh auch hier einen Durchblick auf den sich anschließenden Innenhof.

Im Gegensatz zum dunklen »L40« gegenüber ist das Suhrkamp-Haus in hellen Farbtönen gehalten. Die Rasterfassaden mit den großzügigen Fenstern wurden mit Paneelen aus eloxiertem Aluminium verkleidet, die bei Sonnenlicht silbrig weiß schimmern und bei bedecktem Himmel bläulich grau. Damit kontrastieren Fassadenabschnitte aus beigem Sichtbeton, der vor allem den Seitengebäuden eine avantgardistische Note verleiht. Ruppiger ist die Fabrikästhetik des hellgrauen Sichtbetons im Haupttreppenhaus und an den Geschossdecken der Büroetagen. Dagegen schaffen die Einbauten aus Holz, die raumhohen Bücherregale und der Teppichboden überall im Haus eine warme, skandinavisch anmutende Atmosphäre. Die Einzelbüros liegen an der Nordseite zur Torstraße hin, wo der Verkehrslärm durch Doppelverglasung gedämpft wird. Aus den Großraumbüros nach Süden öffnet sich in den oberen Geschossen ein grandioses Panorama vom Fernsehturm über das Scheunenviertel bis zum Regierungsviertel im Westen. So wird die Terrasse in der höchsten Etage zu einem außergewöhnlichen Logenplatz in Berlin-Mitte.

Der Bau des Suhrkamp-Hauses markiert eine Zäsur in der Architekturgeschichte des Quartiers: Rund 30 Jahre nach dem Fall der Mauer wurde die letzte noch freie prominente Ecke im Scheunenviertel geschlossen.

Logenplatz: ein Arbeitsraum im Suhrkamp-Haus mit Blick auf Scheunenviertel, Fernsehturm, Rotes Rathaus und Marienkirche

Bildnachweis

akg-images, Berlin: Seite 64-65, 73, 129 oben, 75 (Euroluftbild),
133 oben (Udo Hesse), 125 (Sewcz)

Architekturmuseum der Technischen Universität Berlin: 86-87

Stephanie von Becker, Berlin: 20

Jan Bitter, Berlin: 149

bpk, Berlin: 90 (Staatsbibliothek zu Berlin), 42 (F. Albert Schwartz/
Staatsbibliothek zu Berlin), 26 (Rudolf Albert Schwartz/Staats-
bibliothek zu Berlin), 99 (Carl Weinrother)

Lev Chestakov, Berlin: 146

Rainer Haubrich, Berlin: 10 unten, 47, 140

Werner Huthmacher, Berlin: 148

Landesarchiv Berlin: Innenklappe vorne (F Rep. 270, A 4513),
16 (F Rep. 270, A 2003), 56-57 (F Rep. 270, A 2012/1), 70-71
(F Rep. 270, A 2012/2), 92-93 (Gloria Gambow, F Rep. 2902
Nr. II10341)

Stefan Müller, Berlin: 145

picture-alliance, Frankfurt am Main: 133 unten (Christian Reis-
ter/imageBroker)

Andreas Rost, Berlin: 152-153

Senatsverwaltung für Stadtentwicklung und Wohnen, Berlin:
Innenklappe hinten (Abt. II/NO1, NO2)

ullstein bild, Berlin: 10 oben

Alle weiteren Fotografien stammen von Jörg Klaus, alle weiteren Abbildungen stammen aus dem Archiv des Autors oder
des Insel Verlags.

Literatur

Architekten- und Ingenieur-Verein zu Berlin (Hrsg.): Berlin und seine Bauten. Teil 1: Städtebau. Berlin 2009

Dubrau, Dorothee (Hrsg.): Architekturführer Berlin-Mitte. Zwei Bände. Berlin 2009

Feyerabend, Wolfgang u.a.: Das Scheunenviertel und die Spandauer Vorstadt. Berlin 2016

Geisel, Eike: Im Scheunenviertel. Bilder, Texte und Dokumente. Berlin 1981

Gesellschaft Hackesche Höfe e.V.: Die Spandauer Vorstadt. Utopien und Realitäten zwischen Scheunenviertel und Friedrichstraße. Berlin 1995

Haubrich, Rainer: Berlin. Glanz und Elend eines Stadtbildes. Kleine Architekturgeschichte der deutschen Hauptstadt. Berlin 2015

Landesdenkmalamt Berlin (Hrsg.): Denkmale in Berlin. Bezirk Mitte. Ortsteil Mitte. Petersberg 2003

Landesdenkmalamt Berlin (Hrsg.): Spandauer Vorstadt in Berlin-Mitte. Ein Kunst- und Denkmalführer. Berlin 2002

Verein Stiftung Scheunenviertel (Hrsg.): Das Scheunenviertel. Spuren eines verlorenen Berlins. Berlin 1994